공부습관, 3세부터 확실히 잡아라

솔로몬과 아인슈타인을 길러낸 유대인의 공부 습관

공부습관, 3세부터 확실히 잡아라

초판1쇄 발행일 | 2005년 10월 27일
초판5쇄 발행일 | 2018년 3월 10일

글 사진 | 이영희
펴낸이 | 박종태
펴낸곳 | 몽당연필
마케팅 | 강한덕
관리부 | 전문구, 정광석, 강지선, 이나리, 김태영

출판등록 | 2004년 4월 29일(제2004호-42호)
주   소 | 경기도 고양시 일산서구 송산로 499-10
전   화 | (031) 907-0696
팩   스 | (031) 905-3927
공급처 | (주)비전북 전화 (031) 907-3927 팩스 (031) 905-3927

ISBN 89-89833-09-4 03230

솔로몬과 | 아인슈타인을 | 길러낸 | 유대인의 | 공부 | 습관

공부 습관,
3세부터
확실히 잡아라

이영희 지음

프롤로그

이 세상의 어린이들을 위해 학교라는 제도가 생겨나도록 한 사람이 누구일까? 어린이 교육을 위한 최초의 학교는 언제 생겼을까?

서기 50년도 전에 시몬 시타치라는 한 유대인이 있었습니다. 그가 학교 설립을 위해 노력했다는 기록이 남아 있는데 종합적인 계획은 예루살렘 성전이 파괴된 70년을 기점으로 가말라의 예슈아라는 유대인에 의해서 최초의 학교가 문을 열었다고 합니다. 그래서 유대인들은 지금까지 "가말라의 예슈아를 영원히 기억하라. 그가 없었더라면 토라는 이스라엘로부터 잊혀졌을 것이기 때문이다" 하며 그를 기념한답니다.

유대 민족은 약 4천 년 전부터 어린이를 가르쳐온 민족으로 알려져 있습니다. 어린이를 가르치라는 하나님의 명령을 받들어 가정에서 어린 자녀들을 교육해 왔습니다. 그리고 학교가 생긴 것은 고아를 사랑한 예슈아의 착한 마음에서부터 시작합니다. 이스라엘 마알레 아두밈의 성인 예쉬바 랍비로부터 제가 들은 바로는, 예로부터 유대인 아버지는 가정에서 자녀를 가르칠 의무가 있었기 때문에 가정 밖에서 아이들을 집단으로 교육할 필요를 느끼지 않았었다고 합니다. 그런데 수많은 전쟁을 겪으면서 교육 받을 수 없는 고아들이 생겨나자 예슈아는 각 지역마다 교사를 뽑아서 고아 소년들을 맡겼다고 해요. 이것이 세계에서 전반적인 과목을 채택한 최초의 학교였습니다. 고아들을 먹여만 주려고 하지 않고 그들에게 아버지로서의 의무(교육)를 하려고 한 몇몇 사람들에 의해서 학교가 생긴 것입니다.

유대법에는 성전 건립보다 자녀 교육이 더 중요하다고 할 만큼 이스라엘은 교육을 소중히 여깁니다. 세계 인구의 1%도 되지 않는 소수의 구성원이 세계를 움직일 만한 힘을 가지고 있는 유대인은 과거에도 그랬고 현재도 세계에서 가장 지적 생산력이 높은 민족으로 인정받고 있습니다. 그만한 이유가 있는 것입니다.

21세기는 우수한 사람만 '살아남는 시대'라고 말하지요. 국가마다 '21세기 치열한 국가 경쟁력에서 살아남기 위해서 어떻게 생산성을 높여야 하나?'를 연구하는 포럼이 열리곤 합니다.

시대 별로 우수한 사람을 가장 많이 배출한 민족으로 누구나 유대 민족을 꼽습니다. 실버만의 『오늘날 미국의 유대인』이라는 책에 의하면 20세기 인물 21인 가운데 15명이 유대인입니다. 아인슈타인을 비롯해서 패션계의 폴로, 리바이스 스트라우스 청바지, 죠다쉬, 캘빈 클라인, 비달 사순의 샴푸, 식품계의 던킨 도너츠, 하겐다즈 아이스크림, 허쉬 초콜릿, 배스킨라빈슨 아이스크림, 할리우드 영화사와 스티븐 스필버

그의 영화들, 유니버설, 워너 브라더스, 정보 통신 분야의 로이터통신, AP통신, 워싱턴포스트, 뉴스위크, 타임지, 경제학 분야의 노벨상 수상자 65%가 유대인입니다. 또 최초로 혈액형을 구분한 칼 란트 슈타이너, 뉴턴, 당뇨병 치료제 인슐린, 비타민C, 페니실린 등 과학의 눈부신 발전의 공헌자들이 유대인입니다. 세계적으로 가장 영향력 있는 논문 열 편 중 세 편은 미국계 유대인 학자에게서 나오고 있습니다.

지능 지수를 놓고 말하자면 결코 우수한 편에 속하지 않는 평범한 두뇌의 유대 민족입니다. 민족간 지능 테스트로 유명한 스탠포드 대학의 교육 심리학자 젠센에 의하면, 오히려 일본인들의 아이큐가 더 높다고 합니다. 그렇다면 그들에게 있는 특별한 공부법이 무엇일까요? 어떻게 공부할까요?

유대인의 성공 비결을 연구한 젠센에 따르면, 여호와 하나님으로부터 선택받은 민족임을 굳게 믿고 살아가기 때문에 자긍심이 높은 것이 이유라고 합니다. 유대 민족은 '살아가는 방법'을 연구한 사람들이 아니라 끊임없이 '살아남는 방법'을 연구한 민족으로 살아남기 위해서 스스로를 창조해 나가지 않으면 안 되는 역사를 가진 민족입니다. 불확실성의 시대를 살아온 유대인이 개인의 힘을 기르고 불우하고 고생스럽게 살아온 역사 속에서 배운 것은 늘 극한적인 상황 속에도 좋은 점이 있다는 사실을 깨닫고 포기하지 않고 늘 노력해야 한다는 점입니다. 스탠포드 대학의 인류학 교수로 재직한 유대인 요하킴 린드버그는 "우리가 세상에 살아남기 위해서 가르치고 배우는 것이다" 라고 말했습니다. 유대 민족의 생존이 '교육'에 있다는 말입니다.

　유대 교육을 알 수 있는 이 책은 3부로 구성했습니다. 1부는 '공부는 몇 살부터 하는가?' '언제, 무엇을?', 즉 우리 아이, 몇 살에 무엇을 배워야 하나입니다. 교육의 연령을 구분하는 발달 단계 지침서라고 할 수 있습니다. 나이에 맞는 교육, 적절한 시기를 놓치지 않고 아이의 발달 과정을 존중하는 유대 교육은 교육 연령의 나이를 성서의 교육법에 따라 구분합니다. 마땅히 행할 길을 아이의 발달 단계에 맞춰 가르친다는 것이 유대 교육의 기본 원칙입니다. 유대 교육법이 구분하는 교육 연령의 근거가 무엇인가, 그리고 나이에 맞게 무엇을 해야 하는가 하는 교육 지침서입니다. 인생을 마라톤의 긴 코스로 여겨서 결코 서두르지 않는 느긋함과 배움을 즐겁게 받아들이도록 마음판을 잘 가꾸어줄 것입니다.

　2부는 공부 잘하는 좋은 습관입니다. '왜, 공부해야 하나?' '공부를 잘하는 것이 왜 좋은가?' '잘하려면 어떻게 해야 하는가?' 이 질문의 답으로서 머리가 우수한 편에 속하지 않는 유대 그룹들이 왜 공부를 잘하는지 그 비결을 밝혀 줍니다. 왜 공부해야 하는지 배움의 확실한 목표를 가르치라는 것과 누구나 공부를 잘할 수 있는 가능성을 가지고 있으며 따라서 누구에게나 자신감을 심어줄 것임을 제시합니다.

　3부는 성경의 가르침대로 하는 학습법입니다. 즉, '어떻게?'입니다. 유대인들은 어떻게 공부할까요? 공부에도 방법이 있습니다. 성경에서 찾아낸 방법대로 교육에 적용하고 있는 지혜로운 공부법을 소개했습니다.

이 세 영역은 엄밀히 분리된 영역이 아니라 서로 연결된 파이프 선처럼 통합과 연합성을 지니도록 배열했습니다. 1부가 발달 단계에 따른 기초 과업을(what, when), 2부가 공부의 목표와 잘하게 하는 습관을 제시했다면(why) 3부는 실제적인 것으로 공부의 테크닉을 강조했습니다(know-how).

인적 자원에 의존해야 하는 우리나라 역시 교육만이 살아남는 길이라고 저는 생각합니다. 그래서 성경을 기반으로 한 유대 민족의 교육을 연구하는 것도 괜찮다고 생각되어 이 글을 실어봅니다.

독자들께 바라는 것은, 이스라엘 교육 시스템은 다양하기 때문에 한 일면만 보고 이렇다고 단정 짓지 말아야 한다는 점입니다. 이를테면 취학 전 유아에게 부지런히 읽기와 쓰기 등 글을 가르치는 유아원이 있는가 하면 그렇지 않은 유아원도 있는 만큼 다양한 교육 시스템을 열어놓고 모든 어린이가 적절한 곳에서 자기 개발을 해 나갈 수 있는 곳이 이스라엘입니다.

이 책 전반에 걸쳐서 이스라엘 교육부 소속 일반 공립학교와 종교부 소속의 국립 종교학교, 영재부 소속 영재학교, 특수 아동 교육을 통해서 이스라엘 유대인의 다양한 교육 방법을 소개했습니다. 그리고 우리가 어떻게 우리 현실에 맞는 교육을 해야 하는지도 제시했습니다. 우리가 주시해야 할 점은 이스라엘이 추구하는 다양한 학습법의 기본 원칙은 현대에도 변함없이 성서의 지침을 따르고 있다는 점입니다.

2005년 늦은 봄, 한국의 교육자들을 인솔해서 이스라엘을 다시 다녀와서 이 글을 정리하게 되니 감회가 새롭습니다.

통역으로 도와준 Golan Brush 부부는 미디안 사람 호밥처럼 그동안 길잡이가 되어 주었고 적극적으로 나서서 도와준 유대인 친구들 이릿, 데비드, 소코베르, 다프나, 타미가 있었습니다.

이 책이 나오기까지 편집 직원들을 비롯해서 박종태 사장님과 교정을 맡아준 정민숙 님, 디자인을 해준 조현자 님께 감사드립니다. 아직은 미비한 점이 많은 이스라엘 교육 연구원 살림임에도 묵묵히 일해주는 정혜진 님과 카도쉬 가족 여러분께도 감사를 드립니다. 무엇보다 연구원의 무거운 짐을 홀로 도맡아 지고 이 언덕까지 올라온 김현진 님께 이 책을 드리고 싶습니다. 이 책을 선택하신 독자 여러분께도 감사드립니다. 저희를 통해서 영광 받으실 하나님께 이 모든 감사를 드립니다.

2005, 가을에

이영희

차례

성전 건립을 위해 자녀의 교육을 미루어서는 안 된다.

학생이 없는 도시는 파멸될 것이다.

(할라카 12:119b)

1부

우리 아이, 몇 살에 무엇을 배워야 하나요?

:: 1
세 살 미만은 책상머리보다 밥상머리를 잘 챙겨요

현명한 사람은 살기 위해 먹고 바보는 먹기 위해 산다
• 유대 속담 •

성서에는 이스라엘 백성을 "길들인 암소(trained heifer)"(호 10:11)라고 부릅니다. '헤퍼(heifer)'란 말은 새끼를 낳지 않은 세 살 미만의 어린 암송아지를 뜻할 때 사용하는 단어입니다. 귀엽고 사랑스러운 어린 암소를 헤퍼라고 하는데 이 헤퍼는 세 살 미만에 훈련받아야 한다는 것입니다. 귀엽다고 '오냐 오냐' 해서는 안 된다는 말이지요.

세 살 미만은 가르쳐 주지 않아도 눈으로 보고 들어서 깨우치는 잠재 교육(hidden curriculum)의 시기로 집안 공기까지도 아이에게 영향을 줍니다.

밥상에서, 가정에서 어떻게 먹고 어떻게 걸어야 하고, 어떻게 행동해야 하는지 삶을 훈련받는 시기이지 앎을 배우는 시기가 아닙니다. 그러므로 세 살 미만 아이들은 튼튼하게 기초 체력을 연마하고 인간 됨됨이를 형성하는 것이 중요합니다. 부모 사랑을 듬뿍 받으며 영양가 있는 음식을 배불리 먹고 요람에서는 성경을 들으면 좋습니다.

• 유대인 가정이 밥상에서 가르치는 예절 •

1. 밥 먹기 전에 기도하고 다 먹은 후에도 기도한다.

2. 먹기 전에 반드시 손을 씻어야 한다.

3. 밥 먹고 노래 부르는 것은 소화에 좋다.

4. 음식을 씹는 동안에는 말하지 않는다.

5. 먹던 음식을 남에게 권하지 않는다.

6. 자기가 사용한 컵을 씻지 않고 남에게 건네서는 안 된다.

7. 손가락을 빨아선 안 된다.

8. 음식이나 과일을 입으로 자를 때 달걀 한 개보다 크게 베면 안
   된다.

9. 음료를 마실 때 한 번에 모두 마시면 안 된다.

10. 식사 기도할 때 칼을 든 채 기도하면 안 된다. 그것은 평화롭
    지 못하다.

11. 밥 먹을 때 화를 내거나 꾸지람을 해서는 안 된다.

12. 밥 먹을 때는 TV를 끈다.

13. '이거 참 맛있다' '이건 더 맛있네' 하며 음식을 축복하며 먹
    는다.

아기는 걷고 서는 저마다의 시기가 있습니다. 때가 되면 제가 알

아서 서고 걷듯이 억지로 키우려고 너무 주물러 터뜨리다가 곯는 수가 있습니다. 화이트 박사는 3세 미만을 마음이 자라는 시기라고 했습니다. 다시 말해서 사람됨의 그릇이 빚어지는 시기입니다. 순결한 그릇으로 빚어 보세요. 성급하게 서두르지 말고 부모 자신의 사람됨됨이를 자녀에게 잘 보여 줍시다. 이 시기의 아이들은 눈으로 보는 것이 교육이요, 귀로 듣는 것이 가르침입니다.

"너희가 그 땅에 들어가 각종 과목을 심거든 그 열매는 아직 할례 받지 못한 것으로 여기되 곧 삼 년 동안 너희는 그것을 할례 받지 못한 것으로 여겨 먹지 말 것이요 넷째 해에는 그 모든 과실이 거룩하니 여호와께 드려 찬송할 것이며"(레 19:23-24).

세 살 미만에는 찬송으로 행복한 아이가 되게 해 주세요. 축복해 주시고 멜로디 있는 언어로 하나님을 찬양하면 마음이 맑아지고 창의력이 뛰어나게 됩니다.

겨우 걸음마를 하는 아이가 영어, 과학, 영재 교육에 시달려 크기도 전에 시들어 버리는 것은 아닌지 모르겠습니다. 나무도 자라는 시기가 있습니다. 자라야 할 나무에서 열매부터 따먹으려는 것은 부모의 욕심입니다. 영양분을 공급해 주며 적당히 가지치기를 하면서 나무가 곧게 잘 자라도록 할 때입니다.

▞ 밥 먹기 전에 하는 기도 ▞

바룩흐 아타 아도나이 엘로헤이누 멜렉흐 하올람
하모찌 레헴 민 하아레츠 (아멘)

이 땅에서 밥을 내신
우주의 왕이신 우리 하나님!
당신은 복이 있습니다! (아멘)

■ 땅은 수고로이 일하는 우리에게 먹을 수 있도록 소산물을 내어 줍니다. 곡식이 밥이 되기까지 허락하신 우리 하나님께 감사드립시다. 음식을 장난감으로 취급하는 사람은 결코 배고픈 사람의 사정을 알지 못합니다.

:: 2
네 살은 감사를 가르치세요

열리기 시작한 오이를 보고 그 맛이 어떻다고 속단해서는 안 된다
• 탈무드 •

　유대인들은 자기 자녀가 말을 할 줄 아는 나이가 되면 '모데아니'라고 하는 아침에 드리는 감사 기도문과 하나님을 찬양하는 기도시를 암송하게 합니다. 감사로 일관된 기도시는 리듬 언어로 되어 있는데 이러한 기도가 세상에서 보고 겪는 모든 일들을 긍정적으로 받아들일 수 있는 태도를 키워 주는 것 같습니다.

　여러분이 아침에 일어나서 하는 일 중에서 어떤 일이 가장 가치 있다고 생각하나요? 유대인들은 인생의 이른 아침을 하나님께 기도하고 기분 좋게 시작합니다. 감사의 시로 시작합니다. 불확실성의 시대를 살아온 유대인이 불우하고 고생스럽게 살아온 역사 속에서 배운 것은 늘 극한적인 상황 속에도 긍정적인 시각으로 대처하는 것입니다. 이러한 시각은 어려서부터 키워진 것 같습니다.

　왜 기도를 가르칠까요? 인생의 목적은 남을 축복하는 삶이라는 것을 가르치기 위해서입니다. 조상 대대로 유대 어린이들은 종교적

이고 영적인 훈련의 한 부분으로서 '축복하는 자'가 되기 위해 독려받아 왔습니다. 유대인들은 어려서부터 하나님을 송축하고, 이웃을 축복하고, 자연을 축복하고, 자기를 축복하는 자가 되라고 가르칩니다. 그들의 조상 아브라함이 복의 근원이므로 그 자손들 또한 복의 근원이 되어야 한다는 데서 나온 것입니다. 하루에 100번 이상 축복하라고 할 만큼 말이죠.

규칙적인 기도를 하면 긍정적이고 창의적인 사람이 됩니다. 리듬은 마음을 쾌활하게 합니다. 마음이 즐거우면 좋은 호르몬이 나와서 두뇌 활동이 활발해지고 결국 창의적이고 아이디어가 풍부한 사람이 될 수 있습니다.

유대인들은 자녀가 4세가 되면 기도문부터 가르쳐 주는데 참 좋은 교육인 것 같습니다. 그러나 4세 이전의 아이에게는 성경을 들려주되 암송은 하지 못하도록 합니다. 왜 성경을 암송하지 못하도록 할까요? 아직 발음 구조가 충분히 발달되지 않아서 성경 말씀을 잘못 발음할 수 있기 때문입니다. 예를 들면 히브리어로 '레헴(lechem)'은 빵입니다. 그런데 자궁을 '레헴(rechem)'이라고 합니다. 유대인들은 하나님의 말씀을 오류 없이 자녀에게 전수시키는 것을 마치 생명을 지키듯이 소중하게 여깁니다. 하나님의 신성한 말씀을 정확히 읽을 수 있는 나이가 될 때까지는 성경 암송을 시키지 않는 이유를 아시겠지요?

그렇다면 왜 어린아이에게 기도문을 암송시킬까요? 성서는 하나님께서 하시는 말씀이므로 정확하고 반듯하게 말해야 하지만 기도는 문법에 맞지 않는 말을 할지라도 하나님께서 알아들으시기 때문이라는 것입니다. 마치 어린아이의 말을 그의 부모는 알아듣는 것처럼요.

기도로 어린아이를 훈련시키는 이유는 기도가 일생의 생활 습관이 되도록 훈련하기 위해서입니다. '하나님'의 개념을 어린 나이에 이해하기는 힘들지만 기도는 그분의 존재를 일깨워 줄 수 있습니다. 랍비 슐로모(1040-1105)는 잠언 22:6에 쓰인 대로 "우리가 우리 자녀가 어릴 때 가르친 것은 무엇이든지 나이가 든 뒤에도 남아있게 될 것이다. 그것이 선이든 악이든……"이라고 하여 기도의 중요성을 강조했습니다. 좋은 일이든 궂은 일이든 어떤 일에서든지 먼저 하나님을 찬양하고 그분께 영광 돌리는 것이 유대인의 의무입니다. 하나님께 대한 유대인들의 확고한 신뢰는 세 살 미만부터 하는 기도 훈련에 있다고 봅니다. 세 살이 지나면 머리에 깁파를 씌워주는데 아이는 "이제 난 칭얼대기만 하는 세 살 아기가 아니야" 하는 자부심과 의젓함을 갖게 됩니다. 세 살까지는 유대 아이들이 머리카락을 자르지 않는 것도 이러한 이유에서 나온 관습입니다. 이 율법에 따라서 유대 정통주의자들은 세 살 전까지는 유대인을 상징하는 야물카, 즉 깁파도 머리에 씌우지 않습니다.

∷ 아침에 일어나서 하는 첫 번 기도(모데아니) ∷

모데아니
레파네하 멜렉카이
베카얌 쉐헤케 자르타 비니쉬마티
베함라 라바 애무나테카

나는 감사드립니다.
살아계신 왕
내 안에 나의 영혼을 되돌려 주신 분
당신의 성실하심이 크십니다.

■ 아침에 눈을 뜨면 침상에 앉은 채 드리는 기도입니다. 긴 밤 동안 우리 영혼을 안전하게 지키시고 생명을 주신 하나님께 감사를 드립니다.

3

다섯 살은 배움이 꿀처럼 달콤함을 가르쳐 주세요

그러다가 오 년째 되는 해에 너희는 그 나무의 열매를 먹어라. 너희가 그대
로 하면 그 나무에 과일이 더 많이 맺힐 것이다. 나는 너희 하나님 여호와다
• 레위기 19:25 •

대화의 규칙 / 인사하기와 상호간의 존중 / 또박또박 말하기 / 인내
심 / 다른 문화와의 친밀감 / 환경 이해 / 안전과 문화 전승과 보존에
대한 교과목

- 이스라엘 유치원의 교과목 -

4세까지 찬미와 기도의 시를 암송시켜 주어 거룩한 품성을 심어주
게 되면 '나무에 과일이 더 많이 맺히듯이' 5세부터는 아이가 지혜
로워진다고 합니다. 그래서 5세부터 의무교육이 시작됩니다. 학비가
전혀 없는 무료로서 전 국민에게 교육받을 기회를 주자는 것이지요.

입학식 날, 신앙이 두터운 부모는 아이를 기도복에 씌워 데리고
가는데 이것은 길에서 부정한 동물을 볼까 봐서, 옳지 못한 행실을
하는 사람이나 환경을 볼까 봐서 그런답니다. 정성이 대단하지요.
국가의 의무 교육이 5세부터이므로 취학 통지서를 받은 어린이는

모두 간호바(유치원)에 입학해야 합니다.

간호바는 초등학교에 들어가기 전의 예비학교인데, 이스라엘 간호바는 한 교실의 정원이 28명을 넘지 못하도록 법적으로 규정하고 있습니다.

이스라엘에서는 유치원이나 학교가 아이들을 태워 다니지 않습니다. 부모가 데려다 주고 데리고 가야 하는데, 어린이가 학교 정문 밖에 나가면 부모가 책임을 지고 학교 안에서 일어난 일은 교사가 책임집니다.

유치원이나 초등학교 저학년 때는 기초 생활 교육을 장시간 받습니다. "이 아이들은 언제 공부하지?" 하고 조바심이 날 정도입니다. 유치원을 졸업할 무렵, 그러니까 초등학교에 입학하기 한 학기 전에 각 유치원마다 두 명의 장학사가 나와서 일주일 동안 어린이들의 행동을 면밀히 관찰합니다. 학교에 들어가기에 적합한지의 여부를 객관성을 가지고 관찰합니다. 아이들끼리 잘 어울리는지, 그 연령에 맞는 신체발달, 정서, 사회성, 정신적으로 문제가 없는지를 체크하지요. 그리고 일일이 어린이와 상담식의 대화를 나눕니다. 어린이가 학교에 들어가기에 적합지 않다고 판정되면 담임교사와 상의한 후 마지막으로 부모와 상담합니다. 유치원에서 몇 개월을 더 공부한 후에 학교에 입학할 것을 제의하면 거의 대부분의 부모들이 장학사의 방침을 믿고 따릅니다.

초등학교 1학년에 들어가서도 거의 1년 동안은 히브리어를 배우

배움은 꿀처럼 달다

면서 학교생활에 잘 적응하도록 적응 프로그램을 많이 배웁니다. 주로 친구와 어울려 놀기, 또박또박 이야기 잘하기, 학교 선생님의 지시를 가정에 잘 전달하기, 학교 주변 탐방하기, 학교생활 습관 익히기 등입니다. 학교 문을 나오면서 "학교가 참 재미있어요, 엄마. 어서 빨리 내일 아침이 왔으면 좋겠네" 하고 기다려지는 학교, 학교가 되~게 재미있는 곳이 되도록 만드는 것이 이스라엘 교육 방침입니다.

배움이란 꿀처럼 달콤하다는 것을 가르치기 위해서 첫 입학식 날은 꿀을 먹이고 새해 첫날에도 꿀처럼 달콤한 해를 보내라고 사과를 꿀에 찍어서 먹기도 한답니다. 우리 아이가 학교에 들어가서 잘 적응할 수 있을지를 먼저 생각해 보는 것이 중요합니다.

첫 입학식 날 아이는 이러한 축복기도를 받습니다.

바룩 아타 하셈 엘로케이누 멜렉 하올람

쉐헤치야누 베키야마누 베히기야누 라즈만 하제

우리의 생명을 지켜주시고
우리를 보호하셔서 이 순간까지 오도록 허락하신
우주의 왕이신 우리 하나님
당신은 복이 있으십니다.

　유대인은 학교 입학식뿐 아니라 새 신발, 새 가방, 새 학용품, 햇것
들을 먹거나 사용하기 전에, 아기가 첫 걸음마를 할 때도 이 기도를
드립니다. 우리 자녀들도 한 살씩 나이를 먹을 때마다, 또 한 학년씩
올라갈 때마다, 또 학교나 유치원에 입학할 때마다 교회와 가정에서
아이를 축복하고 하나님께 예배를 드리면 참 좋을 것 같습니다. 마
치는 졸업 예배도 중요하지만 시작은 더 중요하기 때문입니다.

4

우리 아이, 조기에 글을 깨우쳐 주는 것이 좋은가요?

남들이 다 옷을 입고 있을 때는 벌거숭이가 되지 말라
• 탈무드 •

유럽의 영향으로 이스라엘 역시 3~4개의 외국어를 하는 유대인들을 흔히 만나게 됩니다. 세계적으로 언어 능력이 탁월한 유대인의 언어 교육에 관해 들려 드리려고 합니다. 이스라엘 유치원 교육은 세 가지 영역으로 나뉘어 있습니다. 숫자, 언어, 예술 영역인데 언어 영역에서는 과학의 다양한 용어들부터 가르칩니다. 초등학교 교육은 여섯 가지 영역으로 나뉘는데 산수, 과학, 언어, 국어, 예술, 역사(성경) 과목입니다.

교육부로부터 우수한 교육을 하는 도시로 표창 받은 마알레 아두밈의 까르쿰 유아원은 3~4세 유아들의 원인데 이곳을 몇 차례 방문해 보았습니다. 마알레 아두밈은 사립유치원 두 군데를 제외하고도 공립 유치원이 68군데 있는데 우수한 교육 도시로 교육부의 표창을 받은 곳이라서 더욱 관심이 갔습니다.

이 시의 교육청장 댁에서 일주일간 지냈는데 그는 한 번도 집에 일찍 들어오는 적이 없었습니다. 그의 부인은 까르쿰 유아 원장이고 그에게는 여섯 명의 자녀가 있는데 우수한 교육 도시로 표창을 받기까지 그 가족들의 희생이 컸다고 할까요. 이렇게 우수한 교육 도시로 인정되면 그 도시의 3~4세 유아들의 수업료(월 500세겔= 약 110불)가 전액 무료라고 하니 학부모들이 나서서 자기 도시를 우수한 교육 도시로 만들기 위해 극성스럽게 노력합니다.

교실로 들어가는 현관 바닥에는 히브리어 알파벳이 쓰인 어린이 발자국 모양으로 만든 보드지를 깔아놓아 아이들이 드나들며 알파벳 글자를 익히도록 하고 있었습니다. 이스라엘 교육은 다양하기 때문에 한 일면만 보고 이렇다고 정의 내리기가 어렵습니다. 이스라엘은 교육 방침에 따라 유치원에서 글을 가르치지 않는 곳이 있는가 하면 종교적 신념에 따라 세 살부터 글을 가르치는 유아원도 있습니다.

마알레 아도밈의 교육청장인 데비드는 "최근, 히브리 대학에서 조기에 글을 가르친 아이와 늦게 글을 배운 아이의 학업 성취도에 대한 논문이 나왔는데 조기에 글을 깨우친 아이들이 학업 성취도가 훨씬 높았다" 는 말을 들려주었습니다.

종교학교에 다니는 학생이 전국에 26만 명이나 되는데(전체의 14%) 종교학교 학생수가 점점 늘어나고 있는 것은 아이들이 종교를 좋아해서가 아니라 종교인 부모들이 많이 출산하기 때문입니다. 그들은 남녀 3세 부동석이라 3세부터 남자 유아원, 여자 유아원으로

히브리어 알파벳을 눈으로 보고 익히도록 아이들이 드나드는 현관 바닥에 알파벳 보드판을 깔아 놓았다.

말키아 유아원. 탁아원에서 올라온 어린이들이 적응할 때까지 어머니들이 아이와 같이 놀아준다.

나뉘어 있습니다. 종교학교는 3세부터 글공부를 시키는데 글을 깨우치면 성경을 읽을 수 있기 때문이라고 합니다. 이렇듯 이스라엘은 교육에 있어서 중앙 정부의 지시에 따른 절대적인 원리 원칙이 없습니다. 개인의 능력에 따라 배려하고 종교적 신념이 세운 교육의 길을 제시해두고 선택은 본인들의 자유입니다. 그리고 어떤 것이 더 나은지 결과를 놓고 치열한 논쟁을 합니다. 이때 결과만을 가지고 평가하는 것이 아니라 어떤 과정을 거쳐서 그런 결과를 가져왔는가를 반드시 제출해야 합니다.

언어 능력은 여아가 남아보다 빠른 편인데 언어는 개인의 능력일 뿐 아니라 부모의 어휘량에 깊은 영향을 받습니다. 말을 더디게 하는 아이는 생각이 깊고 사려 깊은 면도 있습니다. 그러니까 우리 아이가 또래에 비해 말이 더디다고 조급하게 생각하지 마세요.

5

외국어는 몇 살부터 하는 것이 좋은가요?

사람에게 하나의 입과 두 개의 귀가 있는 것은 말하기보다
듣기를 두 배로 하라는 뜻이다
• 탈무드 •

언어가 사용되는 문화부터 적응이 되면 언어는 쉽게 배워지는데 우리는 언어를 공부로 배우려니 힘이 드는 것 같습니다. 한국에 있으면 한국어 외에 다른 외국어를 활용할 기회가 없다는 말입니다. 이중 국적을 허용하는 것은 그렇다 치고, 두 개의 언어를 국가의 공식 언어로 채택하여 사용하는 나라는 아마 세계에서 이스라엘뿐일 것입니다.

히브리어와 아랍어가 공식 언어인데다가 요즘은 러시아 이민자들이 많아짐에 따라 러시아어도 공용화되고 있습니다. 이스라엘은 어디를 가나 교통 표지판에 히브리어, 아랍어, 영어, 러시아어 4개 국어로 표기되어 있으니 어려서부터 몇 개의 언어를 자연스럽게 접촉하는 셈입니다.

이스라엘에서 만나는 유대인 가운데 6명 중 1명은 외국에서 들어온 이민자들입니다. 이스라엘은 유치원에만 가도 마치 세계 언어의

시장이라는 느낌이 들 정도입니다. 어른이나 아이나 전 국민이 의사 소통이 문제입니다. 이스라엘 외무부 직원인 야파 게브(Dr. Yaffa) 에 의하면 이스라엘은 1989년 이후 현재까지 165개의 나라에서 1백 만 명이 넘는 이민자들을 받아들였다고 합니다. 교실에 들어가면 학 생들 중 45%는 유대계 부모가 외국에서 살다가 들어와 이스라엘에 서 출산한 자녀들이고, 13%의 학생들은 외국에서 생활하다가 부모 를 따라 들어온 유대인 자녀들입니다. 그래서 이스라엘 교육은 언어 에서 오는 갈등부터 시작됩니다.

예루살렘 시내의 슈비테이 유치원은 예수를 믿는 유대인 부모들 에 의해 설립되었습니다. 해외에서 이스라엘로 이주해 온 유대 크리 스천들은 자기 자녀들의 신앙 교육을 위해 유대교에 입각한 이스라 엘 유치원에 보내지 않고 이렇게 사립 유치원을 운영합니다.

데비드의 말에 의하면 이스라엘은 이러한 사립 유치원이 3% 미만 이라고 합니다. 초등학교는 90%가 공립이고 고교는 사립이 아예 없 습니다. 사립인 경우 정부가 일체 간섭하지 않습니다.

유치원 담당 교사인 사라에게 방문하고 싶다고 연락을 했더니 부 림 축제 때 오면 어떻겠느냐고 했습니다. 부림은 에스더서에 나오는 명절인데 에돔 사람 하만의 음모로 유대 민족이 엄청난 시련에 처한 적이 있었지요. 그때 에스더 왕비에 의해서 하만의 음모는 수포로 돌아가고 이스라엘 민족은 위기를 모면했습니다. 이 날을 기념하는 명절이 부림인데, 3월 초순에 이 대대적인 명절 축제가 이스라엘을 들뜨게 하고 있었습니다. 유치원에서 부림절을 어떻게 보내는지 궁금해서 사라의 제의를 받아들이기로 했습니다. 8시 30분까지 등교하는 유치원에는 이탈리아에서 온 유대인 미리암 선생이 현관 앞에서 부모로부터 어린이들을 받고 있었습니다. 어린이들은 부모가 마련해준 선물을 한 개씩 들고 들어옵니다. 유대 명절이라 특별히 어린이들끼리 선물을 나누며 즐거워하는 시간이 있다고 합니다. 미리암의 소개로 어린이들과 인사를 나누었습니다. 핀란드, 아메리카, 영국, 인도 등 세계 각처에서 모여온 아이들이었습니다. 부모들을 따라 근래에 이민 온 어린이도 있었고 이스라엘에서 태어난 어린이들도 있습니다.

어린이들이 당연히 히브리어로 말할 거라 생각하고 한 아이에게 히브리어로 이름을 물었더니 방긋 웃으면서 손가락 4개를 펴 보입니다. 이 아이가 히브리어를 모르는구나 깨닫고는 영어로 "너 몇 살이니?" 하고 물으니 엉뚱하게 "보아즈"라고 이름을 말하는 것이었어요. 영어권의 아이가 아니었던 것이죠.

미리암 선생이 보아즈는 이탈리아에서 온 애라고 알려 줍니다. 그런데도 사라의 수업은 히브리어로 진행되고 있었습니다. 그녀는 에스더와 하만의 스토리를 진행하고 있었는데 이상한 현상이 일어나고 있었습니다. 사라는 땀을 뻘뻘 흘리며 애써 인형극을 하는데 어린이들은 말이 통하는 아이들끼리 구석에 모여서 놀고 있는 것입니다. 사라 곁에 남아 있는 아이들은 몇 명 되지 않았습니다. 이렇게 언어 소통이 안 되면 어떻게 어린이들을 가르치냐고 물으니까 그녀는 자부심을 갖고 말하더군요. 히브리어로 계속 말해 주어야 한다는 것입니다. 6개월쯤 되면 아이들이 말을 알아듣고 히브리어를 하게 된다며 걱정 말라고 합니다.

사라 선생의 부림절 역사를 엮은 인형극 수업을 마치고 나서 미리암 선생이 '오즈나임' 이라고 불리는 사람의 귀 모양을 한 비스킷을 나눠 주었습니다. 교사가 어린이 한 명씩 이름을 부르며 "오즈나임" 하며 주면 과자를 받는 어린이는 "오즈나임" 이라고 따라서 말을 해야만 비스킷을 받을 수 있습니다. '오즈나임' 은 '귀들' 이라는 뜻인데 부림에는 이것이 하만의 귀를 상징합니다. 비스킷 한 개를 손에 쥐기 위해서 아이들은 수십 번이나 오즈나임이라는 말을 듣고 따라서 반복해야 합니다. 자꾸 들으면 귀가 열립니다. 이렇게 아이들은 히브리 단어를 한자 한자 익히고 있었습니다.

어떻게 유대인들은 여러 나라의 언어를 잘 할 수 있을까요?

첫 번째 이유는 히브리 언어는 문법 자체가 두뇌를 활발하게 작용하게 해서 언어 능력을 탁월하게 한다는 점입니다. 히브리 문법에 맞춰 말해야 하는 회화는 마치 퍼즐게임과 같습니다. 여성과 남성에 따라 어순이 바뀌고 과거, 현재, 미래의 시제가 성과, 복수, 명사에 따라 수시로 바뀝니다. 그러니까 문법상 두뇌를 회전시키는 훈련에는 히브리어가 최고입니다.

우리나라 훈민정음도 세계적인 언어입니다. 히브리 문법처럼 복잡하지 않고 과학적인 문자 배열이어서 배우기 쉽습니다. 특히 존대어는 손아랫사람과 손윗사람에게 사용하는 문장에 따라 구조가 바뀌므로 두뇌를 회전시키는 훈련도 됩니다. 우리나라 사람들이 머리가 좋은 이유는 한글이라는 언어 때문입니다.

두 번째, 두 사람이 만나도 토론해서 결정한다는 이야기가 있을 정도로 말을 많이 하는 민족인데다가 아이들의 부모가 제3국에서 살다가 들어온 경우가 많으므로 가정에서 부모와 아이들은 최소한 2개 국어 이상으로 대화를 할 수 있습니다. 가정에서 부모와 외국어로 대화하기 때문에 아이들은 조기에 외국어를 쉽게 터득합니다. 부모가 집에서 모국어와 외국어를 병용해서 사용하면 아이는 두 언어를 쉽게 배웁니다.

언어는 일상생활에서 배우는 것입니다. 우리나라처럼 아이들이 학원에 가서 외국어를 공부하고 집에서 활용할 기회가 적으면 더디 배우게 됩니다. 아이가 외국어를 잘하게 하려면 부모가 먼저 외국어를 배워서 집에서 함께 대화해야 합니다.

세 번째, 유대인들은 아이들에게 무조건 외국어를 가르치지 않습니다. 현실에 가장 적합한 언어를 아이에게 가르칩니다. 예를 들어 스페인에 사는 유대인 가정이 아이를 낳으면 이 아이에게 가장 먼저 가르치는 언어가 무엇일까요? 모국어인 히브리어가 아니라 스페인어입니다. 그리고 두 번째로 모국어인 히브리어를 배우도록 합니다. 그 다음에 국제 사회에서 가장 많이 통용되는 언어, 즉 영어를 가르

과자를 받기 위해 '오즈나임' 단어부터 배우는 어린이들.

예루살렘 슈비테이 유치원의 부림절. 에스더와 하만의 이야기를 히브리어로 들려준다.

칩니다.

아이가 살아가고 있는 그 사회에서 잘 적응하고 성공적인 삶을 살아가려면 그 아이가 살고 있는 현지 언어를 제일 먼저 배워야 한다는 것입니다. 유대인들은 어느 나라에 가든지 나그네로 갔다가 주인으로 남는다는 말이 있듯이 매우 융통성이 있는 민족입니다.

만일, 여러분의 아이가 한국에서 태어났고 한국에서 살 계획이고 국제 사회에서 필요하기 때문에 외국어를 가르쳐야 한다면 가장 먼저 어느 나라 언어를 가르쳐야 할까요? 영어나 중국어가 아니라 우리나라 언어입니다. 우리 국어부터 잘 소화시켜야 합니다.

우리 한국의 어린이에게는 어려서부터 몇 개의 외국어를 가르쳐야 할까요?

한국 외대 번역 대학원 최정화 교수에 의하면, 소리와의 접촉이 언어 교육의 시작이라고 합니다. "특히 3세 이전에 여러 언어를 반복적으로 들려주면 각 언어들의 최소 단위인 음소가 우뇌 신경 세포에 저장되고 각각의 신경 세포 간 연결 부위인 시냅스가 더욱 활성화되어 언어 발달의 토대가 된다"고 그는 이야기했습니다.

우리가 신중히 생각할 것은 이중 언어, 조기 영어 교육은 단체 프로그램이 아니라는 점입니다. 외국어 교육은 개인의 능력에 따라서 결정해야 할 문제입니다. "옆집 아이도 잘하는데 우리 아이라고 못하라는 법 없지" 하는 생각은 일단 버려야 합니다.

::6
공부는 언제까지 해야 하나요?

> 머리가 비어 있는 사람은 죄를 두려워할 줄 모르고 무식한 사람은 경건할
> 수 없으며 수줍어하는 사람은 배울 수가 없고 사업에 지나치게 열중하는
> 사람은 현명해질 수 없다
> • 탈무드 •

한 로마 군인이 철학자를 찾아가 이스라엘 민족과 싸워 이길 수
있는 방법을 말해 달라고 요청했습니다. 그러자 그는 "그들의 회당
과 학교에서 학생들의 우렁찬 글 읽는 소리가 들리면 그들을 당해낼
수 없다네. 왜냐하면 그들의 족장인 이삭이 말하기를 '말소리는 야
곱의 소린데 손은 에서의 손이다'라고 했다네. 이 말의 뜻은 야곱의
목소리가 회중에 들리면 에서의 손에 힘이 빠진다는 뜻이라네"라고
했습니다.

유대인들의 자녀 교육에 대한 욕망과 철저한 관심이 학교를 설립
케 했습니다. 지금도 학교에 가면 교실에서 또박또박 장단에 맞춰
소리 내어 책 읽는 소리를 들을 수 있습니다.

유대인들 사이에서 공부는 요람에서 무덤까지 하는 것입니다. 이
스라엘의 관공서나 은행 등은 아침 8시에 문을 열고 낮 12시 30분에
어김없이 닫습니다. 은행 같은 경우 일주일에 두어 차례 오후 6시~8

시에 문을 열어서 낮에 일을 보지 못하는 사람들을 위해 서비스합니다. 어느 날 우체국에 볼일이 있어서 갔는데 12시 30분이 되자 직원들이 내일 오라면서 기다리던 사람들을 내보내고 문을 닫았습니다. 야속한 생각이 들어 이렇게 일찍 근무를 마치면 남은 시간에 무엇을 하느냐고 물었지요. 저와 대화한 직원은 컴퓨터를 배우러 간다고 했는데, 동료들은 직업을 하나 더 갖는 사람도 있고 자기 연구소나 사무실을 차려놓고 좋아하는 일을 하거나 공부를 더 한다고 합니다.

이스라엘에서 유대인들이 사는 모습을 보면 그들은 시간 관리가 철저한 민족임을 알 수 있습니다. 이스라엘에는 이렇게 배움을 원하는 성인들을 위해 '예쉬바' 라고 하는 학교가 있습니다. 입학이나 졸업도 없고 수료증도 없고 단지 공부가 좋아서 하는 사람들이 모인 곳이라고 합니다. 기숙사에 들어올 경우 월 60만 원 정도를 낸다고 하는데 아침 5시부터 밤 10시까지 공부만 하는 곳이라고 하더군요. 석 달이든 1년이든 자기가 하고 싶을 때 들어와서 가고 싶을 때 떠나는 자유로운 학습장입니다. 공부를 좋아하는 사람들의 모임 '공사모' 인 셈이지요. '예쉬바' 란 '앉는다' 라는 말에서 나왔는데 책상머리에 앉아 있는 사람들을 말합니다.

그들은 자기가 연구한 것을 책으로 출판해서 다른 예쉬바에 보내기도 하고, 연구한 것을 서로 나누기 때문에 지식이 해박해진다고 합니다. 예쉬바 교장인 랍비가 이렇게 말했습니다. "사람은 평생 배워야 합니다. 우리 유대 속담에는 20년 걸려서 배운 것을 2년에 잊

요람에서 무덤까지 배운다고 말하는 예쉬바의 랍비.

는다는 말이 있습니다. 누가 현인입니까? 배우고 있는 사람이 현인
입니다."

  "오늘날 내가 네게 명하는 이 말씀을 너는 마음에 새기고 네 자
  녀에게 부지런히 가르치며 집에 앉았을 때에든지 길에 행할 때에
  든지 누웠을 때에든지 일어날 때에든지 이 말씀을 강론할 것이며"
  (신 6:6-7).

  '오늘날' 이란 현재 배운다는 뜻입니다. 자녀에게 공부해라, 공부
해라 하고는 본인은 책을 멀리하고 TV만 본다면 자녀들은 그 말을
듣지 않을 것입니다. 아이들은 부모의 '말' 이 아니라 부모의 '행동'

을 보고 배운다는 말이 있습니다. 신명기 말씀처럼 부모 먼저 TV를 끄고 자녀에게 부지런히 가르치고 본을 보인다면 아이들도 부모를 존경하며 따를 것입니다.

∷ 유대인 아버지 텔러스킨이 들려주는 자녀 교육이야기 ∷

아이에게 무엇을 가르쳐야 하나요? 아이에게 생존 기술을 가르치십시오. 탈무드 시대의 랍비들이 아버지에게 요구하는 것은 '아이에게 수영하는 법을 가르쳐야 한다'는 것이었습니다.(Kiddush 30b).

도덕적이고 거룩한 삶을 살아가는 것과 수영 방법을 배우는 것 사이에는 어떤 연관이 있을까요? 탈무드가 만들어지던 시절은 여행할 때 강이나 냇물을 건너가야 했습니다. 물을 건너기 위해 사용되었던 작은 보트는 종종 뒤집어졌습니다. 수영을 못하는 사람은 익사했지요. 수영을 가르치라는 명령은 아이에게 오락의 기술을 나누어 주는 것이 아니라 생존의 기술을 알려주는 것이었습니다.

뉴욕 시내에서 몇몇 유대인 십대들이 반 유대주의자들에게 두들겨 맞은 적이 있었습니다. 탈무드의 가르침을 잘 지키는 이 지역 랍비의 현명한 제안은 "유대 아이들에게 가라데(일본 무술)를 가르칠 시간이 왔다"는 것이었습니다. 1800년 전의 수영을 가르쳐야 한다는 명령이 현대에 와서는 가라데가 되었습니다. 아이들에게 교통신호 준수와 주의 깊은 운전의 중요성만을 가르치는 부모는 상식적인 육아법을 다 이행하지 않는 것이라고 말합니다. 부모가 바르게 살아가는 삶의 표준을 가르치는 것도 중요하지만 위험한 이 세상을 살아가는 방법 역시 아이들에게 가르쳐야 합니다.
(Joseph Teluskin, Jewish Value, Day312)

2부

유대인에게서 배우는 공부 잘하는 좋은 습관

우리 아이, 마당발로 키우세요

결점이 없는 친구만 사귀려고 한다면 평생 친구를 가질 수 없다
• 탈무드 •

전학을 자주 다니는 아이는 문제아로 취급되곤 하는 나라가 우리입니다. 이 좁은 땅에서 도에서 도를 넘나드는 전학 생활을 적응하지 못하여 일어나는 갈등의 원인은 그동안 우리 교육이 어린이의 심리나 정서를 전혀 고려해 주지 못했다는 점과 사소한 문화적인 충격도 감당하지 못할 정도로 폐쇄적인 우리 민족의 배타적 근성 때문이라고 봅니다.

이스라엘은 국제 사회를 뛰어넘어 이미 넓은 세계인 우주를 향해 도약하고 있습니다. 165개 국의 민족간 대이동의 혼란을 역이용해서 세계 문화간의 격차를 줄이고 국제적인 민감성과 감각을 키워 나가는 산교육의 장으로 삼는 이스라엘. 각 나라의 땅을 밟다 온 아이들. 이스라엘은 우리나라 강원도 면적밖에 되지 않는데 아이들은 마당발입니다.

원래 유목민 출신인 유대인과는 우리가 삶의 터전이 다르지만 우

리 아이들 마음의 발이 마당발이 되었으면 합니다. 그런데 우리는 둘도 아니고 한 민족의 결합인 남북통일조차 두려워하고 있습니다. 남북한 의사소통 문제, 문화적 차이 때문에 통일을 두려워합니다. 우리의 모델을 독일이 아니라 이산가족의 통합으로 성공한 이스라엘로 해야 할 것입니다. 우리는 지금 21세기에 살고 있습니다. 경이롭고 두려운 망망대해 우주의 세계에서 모험을 두려워하는 민족은 살아남기 어려운 세상입니다.

인도에서 온 까만 머리의 동글납작한 외모의 유대인 아이가 아이들 눈에는 만만해 보인 것 같습니다. 교사가 보지 않는 틈을 타서 몇몇이 구타하고 달아나 버릴 때마다 이 사내아이는 교사를 달려오게

사비온 유치원 아이들. 오늘날의 유대인은 믹시드 피플(mixed people)이라고 한다. 세계 각처의 아이들이 어울려 유대 나라를 이루어가고 있다.

하려고 요란하게 울어댑니다. 아이들은 언어의 장벽뿐 아니라 이질적이고 생소한 외모에 대한 편견의 골도 깊습니다. 춤을 추는데 아무도 그 애와는 손을 잡으려고 하지 않으니 난감합니다. 교사가 손을 쥐어 주려고 하면 뿌리치고 달아나고 그 사내아이는 얼마나 쉴 새 없이 울기만 하는지.

에스더로 분장한 가장 아름다운 소녀가 인도에서 온 이 유대 아이의 손을 잡아 주어서 문제는 해결되었습니다. 아이들의 문제를 아이들이 풀어 나가도록 합니다. 세계 어디를 보나 여자아이들이 사내아이들에 비해서 친절하고 다른 문화에 대한 애정과 호의를 가지고 있습니다. 우리나라 남북한 외교 문제는 이제까지 남자들이 해왔지만 여자들이 나서면 더 잘될 것 같다는 생각이 들었습니다.

어린이들이 가져 온 선물을 나누는 시간이 되었습니다. 이스라엘은 주고 싶은 친구에게 선물을 주도록 하는데 각자 준비한 선물이라 내용물은 다 다릅니다. 친구가 이름을 부르면 나와서 받습니다. 한 어린이가 받은 선물이 맘에 안 든다며 선물을 의자에 놓고 나가 버립니다. 선물은 유니 랩으로 포장했기 때문에 어떤 내용인지 미리 알 수 있습니다. 교사는 그런 아이를 달래려 하지 않습니다. '싫으면 그만둬라. 너만 손해지' 라는 듯이.

마칠 무렵 그 아이는 살며시 자기 선물을 챙겨들고 교실을 나갑니다. 할 수 없다며 체념했나 봅니다. 선생이 아이의 고집을 꺾은 것입니다. 전혀 통솔이 되지 않는 이러한 아이들을 길들여 가려면 얼마

에스더 역을 맡은 여자애가 인도에서 온 사내아이의 손을 잡아주어 그룹 댄스가 진행되었다.

아이들 사이에서 생긴 문제는 스스로 해결하도록 둔다.

나 시간이 걸릴까요.

어린이들은 누구나 낯선 사람에 대해서 두려워하고 배타적입니다. 낯선 사람이나 동물을 만날 때 유대 아이들은 이러한 기도를 한답니다. 이러한 기도가 아이들을 배타적이거나 두려움, 공포로부터 벗어나도록 하지요.

바-루흐 아-타 아-도-나이
엘-로 -케이-누
멜렉 하-올-람
메솨 -네흐 하-브리-옷

우주의 왕이신 우리의 주 하나님,
다른 피조물들을 창조하신 당신을 찬양합니다.

처음 만나는 선생님, 친구들, 학교, 새로운 것을 대할 때 아이는 두려움을 가집니다. 맘에 안 드는 친구와 짝이 될 때, 그럴 때도 감사의 기도를 하게 되면 불안한 마음이 평안해지고, 너그러워집니다. 새로운 것에 대한 편견과 두려움을 버리게 되고 아이는 마당발이 될 수 있습니다.

우리 아이가 편견을 갖지 말고 친구를 사귀게 하세요. 누구에게나 배울 점이 있어요. 겸손해야 합니다. 마당발이 되어야 많이 배울 수 있습니다.

:: 2
안정된 정서가 중요해요

사람의 마음을 착하게 하는 것은 좋은 음악, 조용한 풍경, 좋은 향기,
좋은 음식이다
• 탈무드 •

'인간관계, 의사소통의 태도, 토론, 명상 방법, 시민의 권리와 의
무……' 이는 이스라엘의 초등학교 어린이 교육 과목입니다. 얼굴
빛도 다르고 언어도 서로 다르며 전혀 생소한 문화생활을 하던 사람
들이 모인 사회에서 이스라엘 어린이들은 다양한 문화적 특성들을
접촉할 기회가 많겠다고 생각하니 부럽습니다. 그런데 이렇게 국제
적인 감각을 저절로 몸에 익힐 수 있는 장점도 있지만 정서적인 문
제도 크다고 합니다.

어린이들이 자라온 교육 환경과 문화 간의 갭을 줄이기 위해 이스
라엘 교육자들이 부모와 함께 얼마나 노력하는지 감동이 될 정도입
니다. 영어를 웬만큼은 다 잘하고, 빨리 적응하는 이스라엘 아이들
을 보면서 각고의 숨은 노력과 끊임없는 개혁을 추진하며 앞으로 나
가기 위해 교육에 과감히 투자하는 인내심 많은 정부가 대단해 보였
습니다.

각 도시마다 심리학자들을 파견해 3세부터 심리 치료를 한다는 말을 듣고는 조금은 의아했습니다. 심리학자들은 유치원이나 학교를 찾아다니며 문제아를 발견하는 일을 합니다. 듣기 능력, 집중력이 떨어지는 아이들을 발견하고 사회적으로 문제 있는 아이가 없는지 관찰하고 담임과 상담합니다. 관찰 후에 도움을 줍니다. 문제가 심각한 아동의 경우 심리학 의회에 보고하여 병원 치료를 받을 수 있도록 한다고 합니다. 3세부터 심리학 서비스를 한다는 것도 놀랍지만 심리학자들이 일일이 코흘리개들을 찾아다니면서 보살핀다니요! '처음부터 문제의 씨를 찾아 치료하기 위해서' 라는 그들의 말을 듣고서 참으로 먼 장래까지 한 사람 한 사람을 책임지는 배려 깊은 정부라는 생각이 들어 감탄했습니다. 또 나이 든 아이들의 경우 문제를 일으키면 스스로 찾아올 수 있도록 문을 열어 놓습니다. 이런 경우는 심리학자가 찾아오는 아이들을 직접 서비스합니다.

힐렐 영재 초등학교 교장에게 "이스라엘에는 유아들을 위한 영재 교육 프로그램이 있습니까?" 물었더니 깜짝 놀라며 "유아기는 신체와 정서 발달이 제일 중요한 시기가 아닙니까?" 하며 되묻습니다. 그들은 아이의 정서와 심리적으로 안정된 발달기를 보낼 수 있도록 도와주는 일을 공부를 가르치는 일보다 우선해서 최선의 배려를 하고 있습니다.

공부를 잘하게 하는 지적 능력의 업무는 대뇌피질의 기능에 의해서입니다. 그런데 이 대뇌피질은 편도 복합체라고 하는 정서를 관장

키부츠 엔하나지브. 자연 속에서 아이들은 자란다.

교사와 아이들이 마치 친구처럼
대하고 대화하는 시간이 많다.

하는 뇌의 영향을 받아 발달한다고 합니다. 그러니까 정서가 상당히 중요하지요.

유대 엄마들은 하루의 시작도 중요하지만 하루가 끝나는 마지막을 평온하게 마치도록 하기 위해 잠자리 곁을 지켜줍니다. 아이가 근심이나 불안을 털어버리고 편안히 잠자리에 들 수 있도록 따뜻한 말로 위로하고 동화책을 읽어주고 축복을 해 줍니다.

아이들도 상담이 필요합니다. 아이들도 누구에겐가 털어놓고 싶은 비밀이 있습니다. 아이의 말을 잘 받아주고 이해해 주는 사람에게 아이는 털어놓습니다.

자녀가 공부를 잘하려면 먼저 정서적으로 안정되게 해야 합니다. 아이의 입장에 서서 그 아이의 말을 잘 들어 주세요. 우리 아이가 혼자 잠들지 않도록 잠자리를 지켜주세요. 그것이 바로 정서적 안정감을 주게 되고 이것이 쌓여서 신뢰감을 형성합니다.

⁑3
책을 소중히 여기는 습관부터

책을 너의 벗으로 삼고 책꽂이를 정원으로 삼아라. 그리고 벗의 아름다움을
즐기며 정원의 열매를 따먹고 책의 향기를 즐기도록 해라
• 탈무드 •

"사랑스러운 이스라엘 학생들에게

여러분은 오늘 모세오경의 네 번째 책인 민수기와 다섯 번째 책
인 신명기 공부를 시작합니다. 교실에서 또는 집에서 볼 수 있도록
사진, 이야기 또 재미있는 설명으로 가득 찬 책을 저희가 준비했어
요. 혼자서도 풀 수 있는 문제집도 준비했답니다. 문제집에는 혼자
또는 친구들과 그림을 보고, 글을 쓰고, 문제에 답하고, 비교하고
또 상상하며, 결론을 짓는 등 여러 종류의 질문들이 있어요. 일 년
이 지나 여러분이 어떤 공부를 했는지 보고 보관해두기 위해서 책
을 깨끗하게 사용하세요. 예쁘고 분명한 필체로 쓰세요. 종이를 구
기지 마세요. 풀을 조금만 사용해서 조심히 붙이세요. 저희에게 예
쁘고 재미있는 작품을 보내주세요."

- 저자 달리야 코라흐 쉐게브와 요나 질베르만 -

위의 글은 유대 어린이들이 배우는 성경 문제집의 첫 페이지에 쓰여 있는 글입니다. 유대인들은 책을 소중히 여길 뿐더러 오래된 책을 지니고 있다는 것을 자랑스러워 합니다. 종이를 수입해서 쓰는데도 특히 어린이 성경 교과서는 가장 고급스럽게 만드는 나라 이스라엘. 교과서와 연습문제 책을 세트로 가지고 있어서 책에다 직접 낙서하지 않도록 합니다. 교과서가 바뀌는 새 학기가 되면 교과서는 중고 서점에 가서 구입해도 되고 연습문제 책만 새 것으로 구입합니다.

깨끗하게 쓴 교과서를 중고 서점에 가지고 가면 서점에서는 돈 대신 쿠폰(교환권)을 줍니다. 이 쿠폰으로 자기가 구입할 교과서를 살 수 있습니다. 물물교환이라고 할 수 있는데 교과서를 깨끗이 쓸수록 새 학기에 그만큼 좋은 책으로 교환할 수 있답니다. 헌 교과서를 가지고 가면 헌 만큼 싼 쿠폰을 받게 되고 따라서 그만큼의 헌 책을 구입해야 하니까 유대 엄마들은 "교과서 깨끗이 써라" "책을 찢어서는 안된다"라고 노래하지 않을 수 없지요. 교과서는 한 번 쓰고 쓰레기통에 버리는 것이 아닙니다. 쓰고 난 교과서도 돈입니다. 책이란 아무리 헐었어도 그 값어치가 있다는 것을 배운답니다.

사막을 푸르게 하고 광야를 녹지대화하기까지 그들이 엄청나게 많은 돈을 쏟아 부었다는 것을 알게 되면 책 한 권 한 권이 얼마나 귀한 것인지 느낄 수 있습니다. 이스라엘에 있어서 나무를 베어낸다는 것은 국토를 베어낸다는 말과 다름없습니다. 초등학교 어린이들

유대 부모는 '책만큼은 네가 짊어지고 다녀라' 고 가르친다.

공립 초등학교 2학년 출애굽기.　　4학년 민수기 신명기.　　성경교과서 문제풀이책.

의 교과서는 1년에 여섯 권 정도 됩니다. 중고 책도 새 책의 70% 정도의 가격을 인정해 줍니다. 유대인들이 책을 찢거나 함부로 다루지 않는 습관은 그들의 종교적인 습관에서 찾아볼 수 있습니다.

어떤 책자나 팸플릿, 혹은 잡지에서 '여호와', '엘로힘', '아도나이' 의 단어가 있는 글은 발에 밟히거나 찢겨질 것을 우려하여 '그니자 상자' 에 모아 두었다가 지정되어 있는 거룩한(?) 장소에 묻습니다.

그들이 책을 함부로 찢어서는 안 되는 이유가 바로 신앙심에서 나왔습니다. 그 속에 혹시 하나님의 함자가 들어 있을지도 모른다는 이유에서 조심성이 내포되어 있습니다. 책을 찢는 것은 신성치 못한 것으로 간주됩니다.

이스라엘의 유대인 마을에는 2만 명 인구마다 도서관이 있는데 그렇지 못한 소도시는 책을 잔뜩 실은 자동차가 마을을 다니며 책을 대여합니다. 이 자동차가 마을에 들어서면 아이들이 막 달려갑니다. 1년에 49세겔(우리 돈으로 15,000원 정도)의 가입비를 내면 누구나 이용할 수 있습니다.

새 책을 구입했을 때는 입학식 때 하는 내용의 기도로 하나님께 감사를 드리고 공부를 시작합니다. 세계 최초로 금속 활자를 발명해 내고 펄프 공급이 충분한데다가 인쇄술, 출판업이 상당히 앞서 있는 우리나라, 자랑스럽지요? 신의 은총으로 천혜의 푸른 강산, 펄프 산업이 발달하여 종이가 흘러넘치고 옛적부터 인쇄술이 세계적으로 뛰어난 우리나라, 제본 기술은 또 얼마나 훌륭한가요. 심지어 원본보다 복사본이 더 잘 만들어지지 않습니까?

화가 나면 책을 북북 찢는 아이들, 책을 던져 버리는 아이들이 종종 있습니다. 옛말에도 밥그릇을 내동댕이치면 복이 달아난다고 하는데 지혜 그릇(책)을 내던지는 아이의 버릇은 반드시 고쳐주어야 합니다.

공부를 잘하는 아이로 만들고 싶거든 도서관 가까운 곳으로 이사를 하십시오. 그리고 책꽂이에 책을 잘 정리하는 습관을 갖게 해 주십시오. 생활이 어려워져서 물건을 팔 수밖에 없다면 무엇을 팔아야 할까요? 탈무드에는 금, 은, 보석, 집, 토지의 순서대로 팔라고 가르칩니다. 하지만 최후까지 팔아서는 안 될 것은? 책입니다.

:: 4

성경을 많이 암송하면 공부를 잘하게 되요

수천 년 동안 유대인들은 하나님의 법 아래서 세상을 온전하게 하기 위한
그들의 사역을 매일 암송해 왔다
• 유대 랍비 조셉 텔러스킨 •

뉴스 앵커가 멘트를 잊어 먹고 더듬거리면 어떻게 될까? 탤런트
가 대사를 못 외워서 번번이 NG를 연발하면 어떻게 하나? 의사가
의학 전문 용어를 까먹으면 어떻게 될까?

한국에서 이스라엘로 들어가는 직항이 없기 때문에 제3국을 경유
하여 들어가는데 파리에서 이스라엘 항공 EL AL 여객기로 갈아타고
들어갈 때였습니다. 비행기가 이륙하여 약 1시간쯤 지났을까? 갑자
기 수십 명의 남자들이 일어나더니 비행기 뒷날개 쪽으로 모여서 웅
성댑니다. 갑자기 벌어지는 일인데다가 처음 겪는 일이라서 몹시 어
리둥절했습니다. 옆에 앉은 유대인 아주머니가 "지금이 유대인들의
일몰 전의 기도 시간" 이라고 귀띔해줍니다.

유대인은 왜 암송을 강조할까요? 유대 어린이들에게 하나님과 토
라의 이미지를 아주 어려서부터 심어주기 위한 목적인데 그러한 방
법을 통해서 어린이의 언어 및 인지 발달을 촉진시키는 효과를 낳았

다고 합니다.

이스라엘도 시험만큼은 만만치 않습니다. 초등학교부터 학생들의 성적을 시험으로 평가하는데 특히 2학년은 읽기, 5학년과 8학년(중2)은 모국어, 외국어, 수학, 과학 시험이 있습니다. 수학은 수리적 사고의 기초를 다진 후 구구단을 암기하는데 14단, 15단까지도 암기로

2학년 시간표

시간	일	월	화	수	목	금
1	성경	문화	성경	수학	과학	수학
2	수학	체육	수학	수학	성경	성경
3	도형	교통안전	히브리어	히브리어	수학	음악
4	컴퓨터	과학	히브리어	논술	히브리어	사회
5	히브리어	미술	논술	성경	체육	
6					미술	

* 이스라엘에서 사회 과목은 한국과 다르다. 주말에 반 아이들끼리 게임도 하고 맛있는 것도 나눠먹는 시간이다.

4학년 시간표

시간	일	월	화	수	목	금
1	쓰기	성경	히브리어	컴퓨터	미술	받아쓰기/쓰기
2	과학	문법	히브리어	과학	미술	히브리어
3	수학/도형	체육	수학/도형	수학/도형	영어	수학/도형
4	수학/도형	수학/도형	성경	히브리어	체육	사회
5	히브리어	히브리어	자연	영어	성경	
6	영어		받아쓰기/쓰기	문법		

* 예루살렘의 공립 초등학교(비 종교 학교)시간표. 성경을 얼마나 열심히 가르치는지 다른 과목과 비교해보라. 성경이야말로 유대민족을 지혜롭게 만든 책이다.

성경을 암송하고 토론 중심의
수업을 한다.

정복합니다.

　역사적으로 유대인들만큼 긴 문장을 논리 있게 암송해온 민족이
없을 거예요. 문자가 없던 고대 시대에 이 방대한 성서를 단지 구전
이라는 수단으로 전수할 수 있었던 민족이 그들입니다. 유대인들은
기억력이 탁월한 민족이 되었고 오늘날 유대인들의 우수성과 정체
성은 성서를 끊임없이 암송하고 성경에서 살아가는 방식을 찾아낸
결과입니다. 정신발달 면에서 볼 때 유아기에서 아동기에 걸쳐 기계
적 기억이 발달하지만 청년기로 접어들 무렵에는 논리적 기억이 우
세해집니다. 따라서 유아나 아동은 암기에 능하지만 성인은 암기보
다는 논리적 기억에 의존하는 경향이 있습니다. 그러므로 암송은 어
려서 해야 합니다.

　랍비 죠셉 텔러스킨은 미국의 유대인 가정에게 암송 훈련을 호소
하고 다닙니다. 오늘날 유대인이 비유대인이 되는 이유는 암송하지

않기 때문이라고 그는 지적합니다. "가정에서, 식탁에서, 새 옷을 입을 때, 화장실에서, 목욕할 때 축복 기도송을 암송하라. 안식일 준수를 위한 키두쉬를 암송하라. 식사 후 기도문인 바르카트 하마존을 암송하라. 토라를 암송하고 토의하라"고 그는 부지런히 외칩니다.

　암송할 때는 본인은 물론 옆 사람이 들을 수 있도록 소리 내서 해야 합니다. 암송을 하면 두뇌가 논리적이고 기억력과 집중력이 뛰어나게 되어 공부를 잘하게 됩니다. 집중력을 좋게 하려면 성경 말씀을 달달 외우게 하십시오. 자녀뿐만 아니라 부모 자신도 말씀을 외워 말씀이 자기 발의 등과 빛이 되게 해야 합니다.

너는 장차 어떤 사람이 되려고 하지?

너의 주변에 뛰어난 인물이 없으면 너 자신이 뛰어난 인물이 되어야 한다
• 탈무드 •

"왜, 공부하지? 공부해서 무얼 하려고 하지?" 이 질문은 열세 번째 생일을 맞는 소년에게 묻는 랍비의 질문입니다. 아이들은 이것에 대한 리포트를 작성해서 어른들과 친구 앞에서 발표합니다. 이것이 성인식입니다. 인생의 목적이 13세에 설정됩니다. 이러한 질문에 답을 가지고 있어야 유대 사회의 '민얀(의결권을 가진 성인 10명의 수)'의 자격이 됩니다.

중학교부터 인문계와 실업계, 이공계로 나뉘어 있어서 초등학교의 학업과 본인의 적성에 따라 진로를 결정하여 진학해야 합니다. 중학생 시절에 가장 의미있는 경험은 바로 이 '바르 미쯔바'라고 하는 성인식일 것입니다. 여학생은 12세에, 남학생은 13세에 성인 예식을 치러줌으로써 유아기를 완전히 탈피하고 성인으로서의 자아를 공식적으로 세워줍니다.

이것은 청소년기에 겪을 수 있는 정신적인 방황을 예방해 주고 건

성인식을 마치고 축하객에 둘러싸여
축하받는 열세 살 요하난.

13세가 되면 '트필린'이라는 성구
함을 손목과 이마에 메고 기도해야
한다.

LA의 청소년 예쉬바. 유대인들은
세계 어디에나 세상과 분리된 교육을
하는 유대 학교가 있다.

전한 청소년기를 지낼 수 있도록 정신적으로 독립시켜 주는 데 큰 유익을 가져다준다고 합니다. 청소년부터는 정치, 문화, 지역사회 발전을 위한 일에 적극적으로 참여합니다.

미국의 스탠포드 대학의 교육심리학자 젠센은 유대 민족의 성공 원인을 첫째, 어느 민족보다 높은 도덕적 수준과 고통에 대한 강인한 자제력, 두 번째는 자긍심을 들었습니다. 이것은 그들이 믿는 신명기 28:1, 12의 "계명을 지켜 행하면 머리가 되고 꼬리가 되지 않으며 세계 모든 민족 위에 뛰어난 민족이 될 것이라" 는 종교적 확신과 신념에서 기인한 것으로 분석했습니다. 태도와 가치관이 이렇게 중요한 것입니다. 공부를 왜 하는지 목적이 분명한 사람은 공부를 더 잘합니다. 성취동기가 분명해야 합니다.

공부하는 목적이 분명해야 공부를 잘하게 되는 것입니다. 하기 싫은 공부를 부모의 강요로 억지로 하게 하는 것은 아이를 불행하게 만들 수 있습니다. 공부하기 싫어하는 아이는 무조건 "하지 말라"고 하는 것보다 어떤 이유에서 그런지 검토해 보고 대신 아이가 흥미 있어 하는 것을 개발하여 그것을 더욱 잘할 수 있도록 도와주어야 합니다.

자녀가 공부를 할 때나 어떤 일을 하려고 계획할 때 먼저 '나는 어떤 사람이 되려고 하는가?' 에 대한 답을 항상 생각하도록 가르쳐 주십시오. 하나님께서는 모든 사람에게 달란트를 주셨고 그것으로 좋은 열매 맺기를 원하십니다. 하나님께서 자기에게 주신 비전을 발견하고 그 비전을 이루기를 위해 힘쓰라고 독려해 주시길 바랍니다.
소명이 있는 아이는 방황하지 않고 목적을 향해 열심을 다합니다.
하나님께서 기뻐하시는 삶을 살게 됩니다.

∷ 6
공부하기 싫어하는 아이는 어떻게 하나요?

스무 살이 될 때까지 어린아이로 남아있는 사람은 100살이 되어서도
바보로 남아 있다
• 유대 속담 •

학생은 네 가지로 분류할 수 있습니다.

첫째, 빨리 이해하고 빨리 잊어버리는 학생

→ 그는 가르쳐 봤자 소용없다.

둘째, 어렵게 이해하고 어렵게 잊어버리는 학생

→ 그는 잊어버렸더라도 쉽게 다시 찾을 수 있다.

셋째, 어렵게 이해하고 빨리 잊어버리는 학생

→ 그는 열등생이다.

넷째, 빨리 이해하고 어렵게 잊어버리는 학생

→ 그는 훌륭한 학생이다.

"강하고, 강하고, 강해지자!" 이 말은 이스라엘 일반 공립 초등학교 학생들이 책을 한 권 떼고 나면 외치는 소리입니다. 한 과목을 끝마치면 두 손을 불끈 쥐고 이렇게 말하곤 합니다. 의욕을 잃지 말고 열심히 계속해서 정진하자는 뜻에서 친구를 격려하고 서로 이 말로 위로받습니다. 이스라엘은 숙제를 많이 내주지 않는데다가 안식일은 쉬어야 하므로 주말에는 숙제가 없습니다. 숙제라고 해야 고작 일주일에 두 시간 정도 할 수 있는 분량인데 이것도 학교에서 교사와 함께 숙제를 합니다. 학원도 없기에 뭔가 더 배우기를 원하는 아이들은 클럽에서 자유롭게 배우고 친구들과 놉니다. 5세부터 의무교육이므로 5세부터는 학비가 무료입니다. 재료비나 연극 등의 경비는 부모가 내야 하는데 1년에 400세겔(100불 정도)만 내면 됩니다.

이스라엘 라못에는 '헤데르' 라고 하는 국립 종교학교가 있습니다. '헤데르' 는 '부엌 방' 을 뜻하는데 가정에서 아이를 가르치는 집이라는 뜻으로 마치 학교가 집과 같습니다. 가정 같은 학교 분위기에서 아버지 같은 어른들이 아이를 가르치는 유대의 전통을 이어가는 종교학교입니다. 이 학교는 3~7세, 7~9세, 10~13세의 세 학년으로 나누어져 있어서 마치 한 방에서 형과 동생들이 어울려 사는 가정집과 같습니다. 모든 구역마다 감독관이 있어서 감독관은 교사들을 지도합니다.

강하고 강하고 강해지자!

　　우리 일행 중 한 사람이 교장인 스간에게 "만약 공부하기 싫어하는 아이가 있다면 어떻게 해야 하나요?" 하고 질문했습니다. 그는 "아이가 공부하기 싫어하는 것은 선생에게 잘못이 있습니다"고 놀라운 말을 합니다. 이 세상의 모든 아이들은 배우고 싶어 하고 배우고 싶은 욕구를 가지고 태어난다고 합니다. 하나님께서 아이에게 항상 알고자 하는 욕구를 주셨는데 그 아이가 흥미를 잃었다면 그것은 교사의 책임이라는 것이지요. 그리고 그는 미국의 라바이 교수가 말한 '동전식의 방법'을 우리에게 들려주었는데 우리 모두는 크게 감동받았습니다.

"사람의 기쁨과 자신감은 동전을 세는 방식과 같다. 아이는 잠을 자러 갈 때 많은 동전을 가슴에 채우고 꿈나라로 간다. 어른들은 아이의 가슴속에 채워주고 가져가고 채워주고 가져간다. 우리가 아이에게 100점을 줄 때 아이에게 많은 동전을 주는 것이다. 아이가 쉬는 시간에 창문에 올라갈 때 교사는 소리친다. 아이에게서 동전을 가져가는 것이다. 중요한 것은 아이가 자러갈 때 마이너스가 되지 않도록 하는 것이다.

예를 들면 아이가 버스를 타고 간다고 하자. 이 아이는 시장이 있는 정거장에서 내려야 한다. 어떤 아이는 '시장이 어디에 있나요?'라고 질문을 한다. 그런데 어떤 아이는 버스에 있는 사람에게 질문하기를 두려워한다. 두려워서 질문을 하지 않는다. 그런 차이가 어디에서 온 것일까?

자신감이란 아이의 마음속에 있는 동전의 수와 같다. 아이가 학교에 가기 위해 준비하는데 시간이 없어서 바쁘게 허둥지둥 대다가 식탁 위에 있는 음료수를 엎지른다. 엄마도 닦을 시간이 없다. '왜 이렇게 했어? 왜? 왜?' 엄마는 아이를 꾸짖는다.

이럴 때 엄마는 50만 개의 동전을 아이에게서 빼앗는 것이다. 오후가 되어 엄마는 생각한다. '내가 왜 그랬을까, 학교에 빨리 가려고 아이가 그랬나 본데……' 엄마는 후회하며 아이를 기다린다. 아이가 돌아왔을 때 뽀뽀해 주며 미안하다고 말한다. 이럴 때 엄마는 아이에게 100만 개의 동전을 다시 돌려준 것과 같다. 자주 꾸지람을 받은 아이는 의욕과 용기를 잃게 된다."

　공부하기 싫어하는 아이, 의욕을 잃은 아이는 그 아이보다 아이의 부모 책임이 더 크다는 말입니다. 아이를 격려해 주세요. 아이들에게 사랑을 주면 아이들은 사랑으로 보답합니다. 아이가 주저주저, 쭈뼛쭈뼛 하면 답답하죠? 이때 꾸지람 하지 말고 내 양육에 문제가 있는 건 아닌지 생각해 보세요. 성적이 나빠도 조금이라도 나은 과목을 찾아내어 격려하고 칭찬해 주세요. 칭찬이 밑거름이 되어 자신감을 가지게 되고, 공부에 대한 의욕과 용기를 얻게 될 것입니다.

::7
말 안 듣는 아이, 어떻게 하나요?

어린아이를 꾸짖을 때에는 한 번만 따끔하게 꾸짖어야 한다. 두고두고
꾸짖으면 잔소리가 되어 안 듣는다
• 탈무드 •

말 안 듣는 우리 애, 타일러도 안 듣고 비위 맞추기 어려운 뻔뻔한
우리 애, 때려야 하나요, 말아야 하나요? 매를 맞고 풀이 꺾여서 소
심해지는 아이가 있고 매를 맞고도 여전히 실수 연발하며 다시 맞을
짓을 반복하는 아이가 있습니다. 늘 꾸지람 속에 자라는 아이들은
매사 의욕을 잃고 자신감을 상실하게 됩니다. 실수할까 봐 아이는
더 겁을 내지요. 알면서도 매를 안 들 수 없습니다. 말로 타일러도
안 듣는 아이, 때려야 하나 참아야 하나? 아픔을 주는 매에도 사랑
이 있을까? 그렇다면 미움의 매도 있나 봅니다.

이스라엘은 교육부가 둘로 구분되어 있습니다. 정부가 주관하는
교육부와 종교 교육부가 그것인데 정부 교육법에는 부모나 교사가
아이를 체벌할 수 없도록 되어 있습니다. 하지만 종교 교육부의 방
침은 어느 정도의 체벌을 인정하지요. 하지만 즉각적인 체벌은 삼가

도록 가르치고 있습니다.

마알레 아두밈의 국영 종교 초등학교(베이트 하토라)에 방문했을 적에 교장인 스간이 체벌에 관해 이런 이야기를 들려주었습니다.

"아이들이 싸우다가 교실 유리를 깨뜨렸다고 합시다. 아이들은 교사가 화가 나 있다는 것을 잘 압니다. 잘못한 것도 알고 있죠. 사고를 친 아이들은 담임에게 불려 가는 것이 아니라 교장실로 불려갑니다. 교사가 화가 난 상태에서 아이를 체벌하는 것은 바람직하지 않기 때문입니다. 담임이 화가 나서 매 10대를 때린다고 할 때 만약 이튿날이 되면 매는 다섯 대로 줄어들 수 있습니다. 감정이 누그러지면 덜 때릴 수 있기 때문입니다. 교사가 화가 나 있을 때 체벌하는 것은 결코 좋은 방법이 아닙니다. 중요한 것은 때리는 데 있는 것이 아니라 잘못을 깨닫고 고치는 데 있습니다."

체벌에 대한 이러한 교훈이 이스라엘 초등학교 토라 교과서에 실려 있습니다. 하루는 모세가 십계명을 받기 위해 시내산에 올라가서 내려오지 않았습니다. 백성들은 금송아지를 만들고 섬기기로 했지요. 하나님께서 아시고는 화가 나서 이스라엘 백성들을 멸하시겠다고 모세에게 말씀하셨습니다. "저 백성들을 내가 다 버리고 내가 너와 함께 새 나라를 세우도록 하겠다." 그러자 모세는 하나님을 말렸습니다. "이 백성을 살려 주시고 차라리 내 이름을 생명책에서 삭제시켜 주세요." 모세는 하나님의 노를 진정시켜 드렸습니다. 그런데 모세가 산에서 내려와서 그 광경을 보았을 때 어떻게 했나요? 40일씩이나 금식한 모세는 너무 화가 치밀어서 돌판을 던져 깨뜨려 버렸습니다.

이 부분을 공부하고 나서 아이들에게 이런 질문을 합니다.

"애들아, 모세가 산에서는 하나님을 말렸는데 왜 내려와서 더 화를 냈을까?

눈으로 보는 것과 귀로 듣는 것은 이렇게 차이가 있단다."

이제 왜 아이들이 교장실로 불려가는지 이해가 됩니다. 화가 부글부글 끓을 때 아이를 때리는 것은 좋지 않습니다. 체벌하고 나면 곧 후회합니다. "내가 왜 그랬지?" 하고 말이죠. 때리고 나서 아이를 어루만지고 달래봤자 이미 늦었습니다.

이스라엘은 어린이 교사들의 나이가 많은 편입니다. 젊은이들보다 인내심이 많아서 아이들을 정서적으로 잘 보살필 수 있기 때문이라고 합니다. 교사 입장이 아니라 어린이 입장에서 사랑으로 보살피고 돌봐주면 아이는 믿음 속에서 큰다는 것이 유대 교육의 기본 입장입니다. 하지만 우리 마음은 참 변덕스럽다는 것을 잊어선 안 되겠어요. 감정이 누그러들기를 기다리다가 종종 잊어버리니 말입니다. 화가 풀리면 번번이 '에이 그만두자' 라고 하다가 자식을 망치는 경우도 있습니다.

유대인들은 고립시키는 벌칙을 준다. 자신이 무엇을 잘못했는지 홀로 앉아 반성하게 한다.

　요즘은 교사나 부모가 홧김에 체벌을 가할 수 있기 때문에 체벌은 어떤 이유에서라도 해서는 안 된다고들 합니다. 그러나 이것은 올바른 교육 취지가 아니라고 생각합니다. '당분은 칼로리가 높기 때문에 절대 당분을 섭취해서는 안 된다'고 말하는 어리석음과 같은 것입니다. 그럼에도 불구하고 현대 사회는 그런 오류에 빠져서 점점 체벌은 절대 해서는 안 된다는 쪽으로 흘러가고 있습니다.

　미움의 매는 뭘까요? 화났을 때의 체벌은 미움의 매요, 감정을 삭인 후 하는 체벌은 사랑의 매입니다. 그러므로 체벌보다 중요한 건 매를 때리는 사람의 감정입니다. 자신의 감정을 잘 다스릴 줄 아는 사람이 사랑의 사람입니다.

::8

아, 아하, 하 하 하

기억을 증진시키는 가장 좋은 약은 감탄이다
• 유대 속담 •

　　유대인들은 엉뚱한 데가 있습니다. 처음에는 '말 같지도 않은 소리!' 하며 픽 웃었다가 다시 한번 생각해 보면 고개가 끄떡여지는 일이 한둘이 아닙니다. 한번은 이스라엘에서 유아용 게임 상품을 둘러보다가 몇 살짜리를 위한 것인지 카탈로그를 보고는 웃고 말았습니다. '2~99세용'이라고 적혀 있는 것이었어요. '이런 엉터리! 말도 안돼' 하며 지나치다가 다시 생각하니 말이 됩니다. 노인들을 위한 게임 상품으로는 유아용이 최적격이지요.

　　뉴턴, 프로이드, 칼 막스, 아인슈타인, 아담 스미스 등 전 세계 유대인을 모두 합쳐봐야 1,330만 명밖에 되지 않는 소수지만 0.1% 소수의 저력이 세계의 정치, 교육, 경제, 먹거리까지 이끌어간다는 사실은 참으로 경이로운 일입니다. 유대인들의 창의적인 발상은 어디에서 비롯되었을까요?

　　유대인 아이는 말을 하기 시작하는 네 살이 되면 축복과 감사의 기도를 배웁니다. 매일 일어나는 사소하고 하찮은 모든 일들을 마치 처음 일어난 일처럼 지극한 감탄사와 수식어로 하나님을 찬송하고 사물들을 축복합니다. 이방인은 "난 사랑받기 위해 태어났어요"라고 말하지만 유대인은 "하나님, 이웃, 세상을 축복하기 위해 태어났어요"라고 말합니다.

"하루에 100개의 축복 기도문을 암송하라!"

이스라엘 와이즈만 연구소 소속 과학교육 개발 연구소장인 오벳 케뎀(Dr. Oved Kedem) 박사가 학습의 과정으로서 창의 교육을 세 가지 측면에서 설명했습니다.

예술적 측면에서 창의성은 '아!' 하는 느낌에서 나온다고 합니다. 경이로운 작품이나 예술을 볼 때 우리는 '아! 멋있다' 하고 감탄하는데 이때 두뇌는 활발하게 창의적이 됩니다. 둘째, 과학적 측면에서 창의성은 '아 하'라고 합니다. 뭔가를 깨달을 때 나오는 감탄사라고 합니다. 세 번째는 유머입니다. 유머는 '하하하' 웃게 하는데 이때 사람이 가장 창의적이 된다고 합니다. 기도는 긍정적이고 낙관적인 사람으로 만듭니다. 결국 고난 앞에서도 '하하하' 웃을 수 있게 만듭니다. 상황을 낙관하며 사물을 대하는 친밀감은 창조적이고 긍정적인 자아와 세계관을 갖도록 하는데, 기도가 큰 역할을 합니다.

막막한 일을 당할 때 크리스천은 기도합니다. 기도하면 하늘로부터 위로와 기쁨을 얻습니다. 그러면 해결책(응답)을 쉽게 찾을 수 있

성경 두루마리가 얼마나 거룩한 하나님의 말씀인가? 그런데 힐렐 영재 초등학교 아이들이 갖가지 재료를 소재로 성경 두루마리를 만들어 교실에 걸었는데 하하하 웃지 않을 수 없었다.

습니다.

위로와 기쁨은 경직된 두뇌를 회전시키고 두뇌 흐름을 빠르게 하여 창의적인 사고를 하게 합니다. 마음의 긴장이 완화되므로 좋은 해결책이 떠오를 수 있습니다. 하나님은 우리가 기도할 때 문제의 실마리를 찾아 해결할 수 있도록 하기 위해서 위로해 주시고 기쁨을 주십니다. 하나님과 함께 기뻐할 때 창의력이 뛰어나게 됩니다.

"항상 기뻐하라."

왜 바울이 이렇게 말했는지 아시겠지요?

하루에 100번 이상 이웃을 축복하는 사람이 됩시다. 그러면 마음이 유쾌해져서 두뇌에서는 아이디어가 막 쏟아져 나옵니다.

3부

성경의 가르침대로 하는 학습법

:: 1
예습보다 복습이 중요해요

공부하는 학생이 반복해서 계속 공부하지 않고 예습만 하면 씨를 뿌리고
수확을 하지 않는 사람과 같다
• 유대 속담 •

유대 교육은 복습 중심의 반복 교육을 강조합니다. 유대인들의 학
습법은 네 번까지 반복하라는 전통적인 방법을 권장하고 있습니다.
공부 잘하는 비결은 예습이 아니라 복습입니다. 이스라엘은 기초 과
목에 충실합니다.

"옛날을 기억하라 역대의 연대를 생각하라 네 아비에게 물으라
그가 네게 설명할 것이요 네 어른들에게 물으라 그들이 네게 이르
리로다"(신 32:7).

교사보다 앞질러 나가서는 안 됩니다. "그가 네게 설명할 것이요"
에서처럼 교사는 진도를 나가고 학생은 복습으로 '기억하고 생각
을' 다집니다. 복습은 원리에 대한 이해력(생각)을 증진시켜 줍니
다.

에빙하우스의 망각곡선에 의하면 일반적으로 보통의 IQ를 지닌 사람들의 경우 한 번 들은 것을 20분이 지나면 60% 밖에는 기억하지 못한다고 합니다. 한 시간 지나면 50%는 잊고 맙니다. 또 한 달 후에는 80%를 잊어버린다고 합니다. 여러분 자신들이 한번 실험해 보시기 바랍니다. 이 에빙하우스의 망각원리에 착안해서 주기적인 반복에 의한 교육을 시키는 영어 교습법도 나와 있지요. 잊을 만할 때 다시 한번 반복시키고 잊을 만할 때 반복시켜서 네 차례 반복하면 잊지 않는다고 합니다. 다음은 반복 학습의 중요성을 강조한 이야기입니다.

이스라엘에 성경을 공부하는 요하난이라는 학생이 퍽 슬퍼하며 낙심하고 있었습니다. 그는 항상 성경을 배우지만 항상 배운 모든 것을 까맣게 잊어버렸습니다. 그의 선생님은 요카이의 아들 랍비 시몬이었는데 그만 일찍 죽고 말았습니다. 그래서 그는 랍비 시몬의 무덤에 찾아가서 큰 소리로 울면서 하소연했습니다.

"만약 내가 배운 모든 것을 까먹지 않고 기억할 수 있다면 얼마나 좋겠어요? 그러면 내가 지혜로운 사람이 될 텐데요. 엉엉. 나는 항상 배우는데 항상 까먹어 버려서 하나도 기억이 나지 않아요. 엉엉 선-생-님."

그날 밤 그 학생은 이상한 꿈을 꾸었습니다. 랍비 시몬이 나타나서 그에게 이렇게 말하는 것입니다.

"아들아, 만일 네가 나에게 최소한 세 번 이상 돌을 던졌다면 나는 돌아올 것이다."

이 꿈이 대체 무슨 뜻일까 아무리 생각해도 요하난은 알 수가 없었습니다. 그래서 그는 꿈을 잘 해석하는 지혜로운 랍비를 찾아갔습니다. 그리고 꿈 이야기를 들려주었습니다.

"랍비님, 제가 꾼 꿈이 무슨 뜻인지 가르쳐 주십시오."

"아들아, 공부한 것을 기억하지 못하는 것은 머리가 나빠서가 아니란다. 누구나 배운 것을 곧 잊어버리게 마련이지. 네가 잊는 것은 그것을 충분히 복습하지 않았기 때문이다. 너의 선생님은 너에게 그것을 얘기해 준 것이다. 네가 만일 배운 것을 네 번 복습하면 너는 반드시 기억하게 될 것이다."

요하난은 그 충고를 마음에 깊이 새겨 두었습니다. 그리고 배운 모든 것을 네 번씩 반복해서 했습니다. 그런 후부터 그는 배운 것을 더 이상 잊어버리지 않게 되었답니다.(미드라쉬 이야기)

금요일 저녁에 드리는 유대인 회당 예배에 주기적으로 출석한 적이 있습니다. 그런데 매 안식일 예배에 갈 적마다 성경 말씀이 언제나 똑같은 본문(시 29, 92, 95, 96, 97, 98, 99편, 사 58장)을 읽고 강해하는 것이었습니다. 항상 같은 본문을 읽고 같은 찬양을 합니다. 그런데 읽을 적마다 새롭고 그 말씀이 마음에 새겨지는 것을 발견했습니다.

세 가닥으로 꼰 양초. 유대인들은 안식일을 마치고 세상으로 나가기 직전 '모짜에이 샤밧' 만찬을 가지는데 이때는 세 가닥으로 꼰 양초를 켠다.

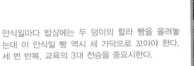

안식일마다 밥상에는 두 덩이의 할라 빵을 올려놓는데 이 안식일 빵 역시 세 가닥으로 꼬아야 한다. 세 번 반복, 교육의 3대 전승을 중요시한다.

　　유대인들은 이것저것 많이 배우는 것보다 한 가지를 배워도 확실하게 배운다는 것을 알았습니다. 마음에 새겨지는 것으로 그치지 않습니다. 행동에서 고쳐질 때까지 지겹도록 반복해서 배운답니다.

　　삼겹줄처럼 질긴 반복학습은 하나님께서 성경에서 말씀하시고 가르쳐주신 것입니다. 이것에 대해서는 다음 장에서 자세히 말씀드리도록 하겠습니다.

:: 2
솔로몬의 공부법

삼겹줄은 쉽게 끊어지지 아니 하느니라
• 전도서 4:12 •

매일 배우되 네 번 반복해서 배운다는 말은 그만큼 꾸준히 해야한다는 뜻입니다. 어제 했지만 오늘 다시 해야 하고 내일도 해야 합니다. 그러니까 시험을 위한 벼락치기 공부법은 좋은 것이 아니지요. 레위기 11:3에는 "굽이 갈라져 쪽발이 되고 새김질하는 것"을 정결한 동물들이라고 하시며 너희는 정결한 사람이 되어야 한다고 하셨습니다. '새김질(chews the cud)'하는 소는 위장을 네 개나 가지고 있어서 네 번이나 되새겨서 양분을 흡수합니다. 네 번 반복해서 배우는 학습 원리는 하나님께서 이스라엘 백성에게 가르쳐준 방법입니다.

오늘날 내가 네게 명하는 이 말씀을 너는 마음에 새겨야 한다.
네 자녀에게 부지런히 가르치되
집에 앉았을 때에든지 → 한 번

길에 행할 때에든지 → 두 번

누웠을 때에든지 → 세 번

일어날 때에든지 → 네 번

이 말씀을 강론해야 한다.

너는 또 그것을

네 손목에 매어 기호를 삼으며 → 한 번

네 미간에 붙여 표를 삼고 → 두 번

또 네 집 문설주와 → 세 번

바깥문에 기록해야 한다 → 네 번

　신약성경 가운데 마태, 마가, 누가 복음을 공관복음이라고 부릅니다. 공관이란 공통된 같은 이야기들이 반복되는 복음서라는 뜻에서 붙여진 이름이지요. 마태복음에서 중풍병자를 고친 이야기가 마가복음에도 나오고 누가복음에 다시 또 나옵니다. 세 복음서를 읽으면 세 번 반복하게 됩니다. 여기에 요한복음서를 추가해서 마태, 마가, 누가 요한복음을 4복음서라고 합니다. 예수님께서 하신 일들의 이야기를 한 번 더 반복하게 됩니다. 왜 그랬을까요? 유대인이었던 예수님의 제자들은 예수님의 생애를 전하기 위해 네 번 복습하도록 한 것입니다. 왜 유대인들은 네 번 복습해야 한다고 했을까요?

　이것은 하나님께서 가르쳐 주신 공부법인데 지혜로운 솔로몬도

이 방법으로 공부할 것을 권장했습니다. 솔로몬은 "삼겹줄은 쉽게 끊어지지 아니 하느니라"(전 4:12)라고 공부 방법을 가르쳐 주었습니다.

세 번 반복하면 쉽게 잊어버리지는 않지만 그래도 잊어버릴 수 있다는 말입니다. 그래서 완벽하게 하려면 네 번 이상 반복해야 한다고 한 것입니다.

미드라쉬에는 네 번 반복 교육이 중요하다는 것을 아이들에게 가르치기 위한 이야기가 있습니다.

십계명은 어떻게 배워서 전해졌을까요?
　　하나님께서 모세에게 말씀을 주셨습니다.
　　모세의 형 아론이 모세의 집에 갑니다.

한 번 모세가 하나님께 배운 모든 것을 아론에게 가르쳐 주었습니다.
　　아론의 아들 엘르아살과 이다말이 모세의 집에 갑니다.

두 번 모세는 그들에게 가르쳤습니다. 그때 아론은 거기에 앉아 그것을 다시 들었습니다.
　　연세 드신 분(70명의 장로들)이 모세의 집에 갑니다.

'베이트 하토라' 초등학교의 아이들은 졸업할 때 학교에 남길 인상적인 작품을 완성해서 복도에 남겨둔다. 이 학교에서 배운 이스라엘의 역사를 기억하고 떠난다는 의미에서 아이들이 만든 작품이다.

암송할 때까지 반복해서 외우는 성경수업.

세 번 모세는 그들에게 가르쳤습니다.

　　아론과 그의 아들들은 거기 앉아서 그것을 다시 들었습니다.

　　끝으로 이스라엘 백성들이 모였습니다.

네 번 모세는 하나님으로부터 들은 계명을 가르쳤습니다.

모세가 가르쳤습니다 → 한 번

지금 모세는 없습니다.

아론이 일어나 그 당시 있었던 사람들에게 가르쳤습니다. → 두 번

그리고 아론도 떠났습니다.

그 후에 엘르아살과 이다말이 계명을 복습시켰습니다. → 세 번

그리고 그들도 떠났습니다.

70인 장로들이 사람들에게 한 번 더 가르쳤습니다. → 네 번

이런 방법으로 모든 유대인은 네 차례 계명을 배웁니다.

　　네 차례 배운 다음에 유대인들은 서로 토론합니다. 배운 것을 잘 이해했는지, 각자 알고 있는 것을 잘 지키는지 그것을 검토하는 일을 맡은 것이 연세 든 분들의 직업이라고 합니다(little Midrash pp.147).

∷3
엿새 공부하고 하루 쉬어요

안식일은 '시간 속의 궁전'과 같은 것이다. 안식일의 거룩함으로 들어가려
면 제일 먼저 상업적 소음과 수고의 멍에라는 세속을 떠나야 한다. 우리 육
체는 세상에 붙들려 있지만 우리 영혼은 다른 분에게 속해 있다. 첫째 모든
일을 중지하라
• 랍비 아브라함 조수아 헤젤 •

일	월	화	수	목	금	토
1	2	3	4	5	6	7
8	9	10	11	12	13	14
15	16	17	18	19	20	21
22	23	24	25	26	27	28
29	30	31				

열흘에 한 번 쉬는 이 달력은 생소하시죠?

이것은 1792년 프랑스에서 사용하던 달력입니다. ● 친 날짜는 쉬
는 날을 표시한 거예요. 프랑스에서는 달력을 고치자는 사람들이 많
았습니다. 일에 대한 의욕으로 충만한 사람들에 의해서 번번이 쉬는
날이 취소됩니다. 쉬지 않으려고 노력하는 사람들이 일하는 날을 늘
리려고 얼마나 애써 왔는지 먼저 들어보시기 바랍니다.

공화정부를 수립한 프랑스 혁명가들은 마음이 급했나 봅니다. 혁

명이 끝나고 프랑스 재건이 시작되었을 때 더 많은 노동에 사람들을 끌어들여야겠다고 생각했습니다. 그래서 고안한 것이 열흘 일하고 하루 쉬는 제도입니다. "잘사는 프랑스를 위하여!", "열심히 일하세!", "일주일을 10일로 만들자!"

그런데 공장들이 문을 닫는 사태가 벌어지고 말았습니다. 무언가 잘못됐다는 표시는 맨 처음 당나귀에서 나타났습니다. 당나귀가 과로로 '픽' 쓰러진 것입니다. 사람들도 휴식 없이 9일을 견디지 못했습니다. 1805년, 나폴레옹이 다시 일주일을 7일로 되돌려 놓았습니다.

그 후 100년이 흘렀습니다. 러시아 혁명이 일어나자 일요일을 '일하는 날'로 만들었습니다. 그러나 오래 지속되지 못하고 스탈린에 의해 쉬는 날로 다시 되돌려졌습니다. 의학자들에 의하면 사람의 맥박이 7일째 되는 날이면 느리게 뛴다고 합니다. 심장마비와 과로사, 정신 질환은 안식의 원리를 무시한 결과라는 것입니다.

그 후 100년이 흘렀습니다. 달력을 고치자는 사람들이 많아졌습니다. "닷새만 일하고 이틀 쉬자", "그 대신 엿새 일할 것을 닷새 동안 다해 버리자." 그런데 뭔가 잘못되고 있다는 표시가 독일, 이탈리아, 프랑스에서 나타나고 있습니다. 세계가 불황의 늪에 빠져 들고 있습니다.

이스라엘은 현대에도 약 3,700년 전의 모세의 계율을 철저히 지킵니다. 유대인의 613개의 율법 가운데 계율의 심장이라고 할 수 있는 십계명이 그들에게 주어졌는데 그 중에 네 번째에 안식일 계명이 있습니다. '엿새 동안은 네 모든 일을 힘써 하고 이레 되는 날은 너희 하나님의 안식일이니 이날을 기억하여 거룩히 지키라'는 명령을 받았습니다. 이런 이유에서 유대인 학교들은 엿새 동안 학교 공부를 합니다. 엿새째 되는 날은 안식일 준비를 위해 반나절 수업을 하고요. 안식일에는 모든 유대인들이 휴식에 들어갑니다. 안식일 제도는 유대 민족이 성경 다음으로 가장 가치 있다고 생각하는 문화유산입니다.

현대는 육체노동보다 정신노동을 많이 하는 시대입니다. 그래서 고대 안식일 법은 현대에 적용되지 않는다고들 말합니다. 스포츠, 여행 등 머리를 쉬게 하는 새로운 방법을 찾기 시작했습니다. 우리가 더 많은 일을 하기 위해서는 재충전이 필요하다고 합니다만 재충전이란 결국 일을 위한 수단인 셈입니다. 이렇게 작업 능률을 올리기 위한 수단으로 우리가 주일을 쉬는 것이 아니듯이 머리에 윤활유를 주어서 더 많은 일을 하려고 주일에 운동이나 육체노동을 하는 것은 안식일의 본래 목적에 벗어난다는 말입니다.

우리가 엿새 공부하고 주일 하루 주님 앞에 나오므로 복을 받아 더 공부를 잘하기 위해서가 아닙니다. 주일을 쉬지 않고 공부하여 성적이 더 많이 오른 학생들이 얼마든지 있습니다. 우리가 하루를 주님께 드리는 것은 우리의 믿음을 주님께 드리는 것입니다. "그리 아니 하실지라도", 주일을 경건하게 보냈다고 해서 더 복을 받지 못

할지라도 그것은 우리가 주님을 사랑하는 우리의 믿음을 드리는 것입니다.

우리가 주일 하루를 쉬는 것은 의무로서가 아니라 하나님이 자기 자녀에게 주신 특권입니다. 우리 육체가 쉬어야 영혼이 소생됩니다. 하나님께 온 가족이 나아와 예배를 드리러 나가세요. 오랜만에 교회 친구들을 만나면 기분이 새로워집니다. 그리고 나서 하루를 가족과 경건하게 지내세요. 가족과 대화를 나누고 맛있는 음식을 배부르게 먹고 즐거운 하루를 보내세요. 이날이야말로 책상머리보다 밥상머리를 챙겨 보세요.

주일은 어떤 일로든지 자녀를 꾸지람하지 마세요.

아버지는 자녀의 숙제를 봐 주세요.

이날은 자녀들의 어떤 잘못도 다 용서해 주세요.

주일은 맛있는 음식과 디저트를 마련하세요. 디저트는 한 가지씩 조금씩 내 오세요. 그러면 대화가 길어지게 되고 풍성한 교제를 나눌 수 있습니다.

안식일 만찬. 안식일에는 좋은 음식
을 먹으며 어김없이 예배드린다. 이
날은 '샤밧 샬롬'이기 때문에 가족이
서로 용서하는 날이기도 하다. 모든
일을 멈추고 예배와 안식으로 쉬는
유대인들이다.

베이트 하토라 초등학교. 안식일에 하지 말아야 할 39가지 율법을 기억하고 지키기 위
해서 이 율법을 그림으로 그려서 아이들이 매일 드나드는 복도에 걸어 두었다.

우리 아이가 영재일까요?

지식을 갖고 있어도 다른 사람에게 나누어 주지 않는 사람은 아무도
즐기는 이 없는 사막에 피어난 꽃과 같다
· 유대속담 ·

예루살렘 초등학교에 다니는 한글학교 어린이들을 데리고 이스라
엘 아쉬돗트로 소풍을 간 적이 있습니다. 우리나라 현대건설이 다
리 짓는 것을 보려고 갔었지요. 우리나라 사람들은 기술을 지원하
고, 깊은 심해에 들어가 땅을 퍼 올리고 철근을 박는 일은 중국 인부
들이 하고 있었습니다. 중국에서 노동자들을 단체로 비행기에 실어
오면 텔 아비브 공항에 내리자마자 곧장 버스에 태우고 바다로 갑니
다. 그들은 바다 밑으로 내려가서 6개월이고 1년을 일만 하는데 일
을 마치고 올라오면 곧장 버스를 태워 공항에서 중국으로 가는 비행
기를 태운다고 들었습니다.

이 말을 듣고 저는 깜짝 놀랐습니다. "어떻게 여기까지 온 사람들
을 여행이나 관광 한번 안 시켜주고요?" 이 말에 안내하던 사람이
고개를 갸우뚱하며 쓴웃음을 짓습니다. "관광이요? 그 사람들이 바
람 쐬러 여기 왔나요?"

94

예루살렘에서 만난 연변의 우리 동포 한 분은 허드렛일을 하고 있는데 저를 보더니 "학습하러 왔시요?" 하고 묻습니다. "여기 와서 보니 남한 에미나이들은 몽땅 학습한다니" 하며 부러워하는 눈망울이 선합니다. 연변의 동포들은 돈 벌러 이스라엘까지 온 것입니다.

우리나라도 낮은 임금의 노동력으로 외화를 벌어들이던 시대가 있었습니다. 돈 벌기 위해 베트남 전쟁터에까지 서로 가려고 했고, 70년대에 독일에 광부로, 간호사로 갔던 우리나라 분들이 아마 그런 대우를 받으며 일만 하다가 돌아왔겠구나 하는 생각에 마음이 짠했습니다.

이제 우리에게 그런 시대는 지났습니다. 지금은 고급 두뇌로 치열하게 경쟁하는 시대입니다. 국가 경쟁력은 첨단 과학기술을 발달시켜갈 성숙한 인력 자본에 달려 있지요. 그래서 영재 교육에 열을 올립니다.

세계적인 모델인 이스라엘의 경우를 들어보지요. 초등학교 2학년 1학기를 마칠 때 영재 시험을 통해서 3% 어린이를 발탁해냅니다. 2004년 영재 교육부 통계자료에 의하면 이스라엘에는 12,000명의 영재 아이들이 있는데 영재아로 판명된 어린이의 모든 교육비는 국가가 부담하여 무료입니다. 영재교육뿐이 아닙니다.

이스라엘의 3~4세 유아들은 원에서 순전히 놀기만 하다가 집에 갑니다. 월 500세겔(110불 정도)의 원비를 내야 하는데 원비를 학부모가 시청에 납부하면 시청에서 유아원에 보내줍니다. 만약 부모들이 특별 활동을 원하면 교육비를 더 내야 하지요. 하지만 이스라엘의 20여 개 도시 가운데 교육부에서 인정한 우수한 교육 도시가 되면 그 도시의 유아들은 교육비 없이 무료로 교육받을 수 있습니다. 이를테면 전 도시의 3~4세 아이들이 장학금 혜택을 받는 셈이지요. 이스라엘 교육은 지방 자치제인데다가 학부형들이 적극적으로 참여해서 이끌어가고 있습니다.

이스라엘에서 말하는 영재란 이렇습니다. 이스라엘 영재 연구 전문기관에서는 인지능력, 사회성 및 개인적 특성이 적절히 조화된 아이를 영재라고 정의하고 있습니다.

「이번 영재 테스트에서 당신의 자녀가 세 명 가운데 한 명인 영재아로 판명났습니다.」

이런 통보를 받는 부모의 기분은 어떨까요? 학비도 무료인데 이스라엘 부모들은 걱정을 합니다. 아이가 먼 장래에도 행복해야 할 텐데 영재아의 삶이 그렇게 단순하지 않다는 것을 알기 때문입니다.

이스라엘은 신중하게 영재 테스트를 두 차례 합니다. 1차는 학급 담임이 반에 있는 아이 가운데 영재 소질이 보인다고 판단되는 아동을 추천하여 영재 교육부에 제출합니다. 교육부는 명단에 있는 전국의 아이들을 모두 소집해서 시험을 보게 합니다.

이때 교사가 추천한 아동의 시험 성적이 나쁘게 나올 경우가 있는데 교육부에서는 담임교사의 의견을 참작하여 비록 시험에는 좋은 성적이 안 나왔어도 영재아 교육에 넣어 줍니다. 2차 시험의 기회를

둘씩 짝을 지어 몇 개의 선으로 같은 도형을 몇 개 만들어 낼 수 있는지, 어떤 원리를 사용하였는지를 발표하게 한다.

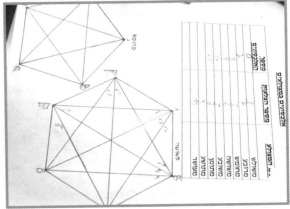

주고 나서 최종적으로 결정합니다.

영재 교육을 받은 아동이라고 해서 모두 사회적으로 성공하는 것은 아닙니다. 자신들의 소질을 충분히 발휘 못 하는 경우도 있지요. 그들의 미래가 확실히 보장된 것도 아닙니다. 이런 전제를 가지고 중도에서 탈락하는 영재 아동이 사회에 잘 적응하여 살아갈 수 있도록 후속 대책까지 고심하는 이스라엘 영재 교육부는 참 치밀하고 그런 면에서 믿음이 갑니다.

영재 아동을 또래의 학생들에게서 데리고 나와 독립된 범주에 넣을 때 어떤 문제가 발생할까요? 마찬가지로 영재성이 없는 일반 학생의 경우, 영재적 능력을 가진 학생들과 따로 떨어뜨려 놓으면 그 학생들은 어떤 기분이 들까요? 이스라엘은 한 교실 안에 우열그룹이 있지만 친구들 간에 이질감을 갖지 않도록 배려하는 일에 최선을 다합니다.

영재아와 일반 아동이 거리감 없이 함께 어울려 공부하도록 시스템이 짜여져 있습니다. 엘리트 계층을 만들지 않는다는 점에서 이스라엘 영재 교육은 상당히 공평합니다. 그래서 일반 아이들과 함께 똑같이 공부하고 나서 방과 후에 하는 영재 수업, 방학 기간에 하는 영재 수업, 주말 영재 수업 등 다양한 방법으로 영재 수업을 받습니다. 영재아로 발탁되었다고 우쭐할 이유도 없고 부러워하지도 않는 것은 이런 이유 때문인 것 같습니다. 음악 감상, 문학 인사 초청 등의 예술 활동을 통해 감성이 메마르지 않게 배려해 줍니다. 협력을 중요시 여겨서 둘씩 짝을 지어 공부시킵니다. 힐렐 초등학교는 700명의 학생들이 다니는데 영재 아동들 학급이 따로 있어서 서로 교육을 연결하고 수업 후 오후에는 대학에 가서 수업을 하고 집에 돌아갑니다.

영재끼리는 경쟁 상대가 아니라 협력하는 친구 관계입니다. 이들은 두 명씩 짝을 지어 문제를 함께 풀고 해결합니다. 한 사람이 좀 못하거나 실수를 하더라도 격려하여 함께 끌어가려는 그들의 의지가 강합니다.

영재들은 이렇게 공부합니다.
- 한 가지 주제를 놓고 하루 온 종일 공부한다.
- 공부 잘하는 친구와 상호 협력한다.
- 문제 해결 능력의 교환과 협동심을 위해 공부 짝꿍을 만든다.
- 일주일에 성경 수업 세 시간 마치고 성경 숙제를 해야 한다.
- 주말에는 봉사 활동을 한다.

이스라엘 영재 연구소에 의하면 영재들은 다음과 같은 특징을 보이고 있습니다.
1. 비범한 추리 능력
2. 이색적인 현상에 대한 왕성한 호기심
3. 폭넓은 주제에 대한 다양한 관심과 통찰력

4. 탁월한 기억력

5. 많은 양의 지식을 효과적으로 사용할 수 있는 능력

6. 문제를 풀어 나가는 데 있어서 원리를 응용할 줄 아는 능력

7. 수학이나 과학 문제를 풀어나감에 있어 일반적인 학생보다
   해결 속도가 빠른 능력

8. 색다른 문제를 접했을 때 스스로 공식 및 해답을 낼 수 있는 능력

9. 학문적 방법이나 연구 진행 과정에서 독립적인 모습을 보이는
   능력(특히 사춘기 시절)

10. 유머 감각이 남다른 능력

11. 공부를 하거나 연구하는 데 있어서 강한 독립심을 가진 아이

12. 민첩한 마음

13. 탁월한 인지능력

다음은 영재성을 테스트 하는 문항을 설명한 것으로 우리나라 정서에 맞게 풀어 보았습니다.

우리 아이가 영재아인지 진단해 보세요

그렇다 3 / 그런 편에 속한다 2 / 그렇지 않다 1 / 잘 모르겠다 –1

1

아이가 다음과 같은 유형의 엉뚱한 질문을 한 적이 있다. _____

ex) 요셉은 보디발의 신임을 얻었는데 왜 아버지를 찾을 생각을 하지 않았을까? 요셉은 총리가 되었는데 왜 아버지를 찾을 생각을 하지 않았을까?

2

· 생소한 것을 보면 그냥 지나치지 않는다. _____

· 밥을 먹을 때도 색다른 반찬을 보면 그냥 먹지 않고 어떻게 만든 건지 꼭 물어온다. _____

· 새로운 것에 호감을 갖고 감탄을 잘하며 호의적인 태도를 보인다. _____

· 단순하고 반복적인 활동을 싫어한다. _____

· 짬뽕을 시켜놓고 자장면을 먹고 싶어 한다. _____

3

· '왜 우리나라의 신호 체계는 가로등일까? 세로등을 하면 어떨까?' 등 엉뚱한 질문을 한다. _____

· 그림을 그릴 때 세밀하게 그린다. _____

4

· 혼자서 조용히 뭔가 사색에 잠기기를 좋아한다. _____

· 한 번 갔던 길을 잘 찾아간다. 길눈이 밝다. _____

· 요점 정리를 잘한다. _____

5

· 상황에 맞는 말대답을 잘한다. _____

· 한 가지만 고집하지 않고 변화에 빨리 적응한다. ＿＿＿

· 낯선 장소에 갔을 때 집에 빨리 가자고 보채거나 울지 않는다.

　　＿＿＿

6

· 무조건 구구단을 외우라고 했더니 그럴 바에는 차라리 전자계산
기로 계산하는 게 더 낫지 않느냐고 따진다. ＿＿＿

· 물어보면 "몰라" 또는 "모르겠는데요"라고 하지 않고 왜 그런지
알아내려고 한다. ＿＿＿

7

· 1 다음에 왜 2가 오는지 숫자의 배열에 의심을 갖고 묻는다.

　　＿＿＿

· 수학의 공식이나 기초 원리를 알고 있고 계산 능력이 빠른 편이
다. ＿＿＿

8

· 공식이 하나만 바뀌어도 "어? 이거 안 배운 건데"라고 포기하는
아이가 아니다. ＿＿＿

· 이쑤시개로 자를 만드는 등 한 가지 물건을 가지고 여러 방법으
로 사용한다. ＿＿＿

· 자신의 문제를 스스로 해결하는 편이다. ＿＿＿

9

· 책 읽기를 좋아한다. ＿＿＿

· 책 읽는 속도가 또래보다 빠른 편이다. _____

· '하라'고 시키면 안 하며 지시를 싫어하고 스스로 하기를 좋아한다. _____

· 고민하면서도 끝까지 해내려는 의지가 있다. _____

10

· 화를 잘 내지 않고 매사에 좋은 쪽으로 생각하는 편이다. _____

· "집에 왔더니 먹을 것이 하나도 없다"고 투덜대지 않고 알아서 해결하기 위해 여러 가지 방법을 동원한다. _____

11

· 95점을 받고도 쉽게 만족하지 않는다. _____

· 한 가지 일에 골몰하면 다른 것은 거들떠보지도 않는다. _____

· 시험 본 후에 꼼꼼히 점수를 체크한다. _____

12

· 또래들은 기어다닐 때 걸었다. _____

· 또래보다 말을 빨리 배웠다. _____

· 자기에게 잘해 주는 사람이 누군지 알고 눈치가 빠른 편이다.

_____

· 자신보다 나이 많은 아동과 놀기를 좋아한다. _____

13

· TV를 볼 때 장면이 바뀌어도 이해력이 빠른 편이다. _____

· 물난리가 난 것을 보면서 왜 그런 일이 일어났는지 합리적으로

생각하고 의심한다. _____

· 화를 낸 후에도 왜 화를 냈었는지 분석하고 잘 잘못을 가려낸다.

_____

· 들은 대로 남을 비판하거나 충동적으로 행동하지 않는다. _____

100이상	영재
80~ 99	수재
60~79	보통
60이하	둔재

다음은 엄마를 위한 테스트입니다.

우리 아이, 영재로 키울 자격 있는 엄마인지 진단해 보세요.

그렇지 않다 3 / 그렇지 않은 편에 속한다 2 / 그렇다 1 / 잘 모르겠다 –1

1. 생소한 것을 보고 머뭇거리는 아이에게 "빨리 오지 뭘 하고 있어" 하고 야단친다. _____

2. 밥을 먹을 때 색다른 반찬을 물어오면 "빨리 먹기나 해, 말해주면 알아?"라고 한다. _____

3. 감탄을 하면 "얘, 그런 거 처음 봤니? 저번에도 봤잖아"라고 한다. _____

4. 학원을 바꿔달라고 하면 "거기는 학원비가 얼만데?"부터 묻는다. _____

5. 짬뽕을 시켜 놓고 자장면을 먹자고 하면 "야, 너 돼지니?" 한다. _____

6. "세로등으로 하면 어떨까요?" 등 엉뚱한 질문을 하면 "하여튼 우리나라 교통질서는 엉망이야"라고 비난부터 하는 편이다. _____

7. 그림을 그릴 때 세밀하게 그리면 "야, 좀 대범하게 그려라"라고 핀잔을 준다. _____

8. 사색에 잠긴 아이를 보면 "너 학교에서 선생님한테 혼났구나"라고 추궁한다. _____

9. 길눈이 밝은 것을 보고 "얘가, 공부는 안 하고 너 여기 언제 왔었어?" 하고 따진다. _____

10. 요점 정리를 잘하는 아이를 보고 "누구 거 보고 베꼈니?" 한다. _____

11. 이사한 동네에 빨리 적응하는 걸 보고 "야, 넌 이 동네가 좋으니? 엄만 옛날 집이 훨씬 좋다"라며 과거에 집착한다. _____

12. 낯선 장소에 갔을 때 좋아하는 것을 보고 "넌 집이 그렇게도 싫으니?" 한다. _____

13. 과제물을 물어오면 "엄마는 모르는걸. 네 아빠도 모를 거다"라고 단정한다. _____

14. 이쑤시개로 자를 만드는 등 집안 물건을 망가뜨리면 야단을 친다. _____

15. "집에 왔더니 먹을 것이 하나도 없다"고 투덜대면 "얘, 똑똑이는 알아서 해결한대. 너 똑똑하지 않구나?"라고 비꼰다. _____

16. 95점을 받아오면 "얘, 네 짝은 몇 점 받았니?"부터 묻는다. _____

17. 아이에게 화를 잘 내는 편이다. _____

18. 또래보다 말을 잘한다며 사람들 앞에 세워놓고 시범을 보인다. _____

19. 아이가 논리적으로 말대답을 할 때 질 것 같으면 화를 낸다. _____

20. 아이가 울면 "사내아이는 우는 게 아냐 울면 못써"라고 한다. _____

> 50이상   보통 아이를 영재로 업그레이드 시킬 수 있는 엄마
>
> 30~49   아이를 평범하게 키울 평범한 엄마
>
> 30미만   영재나 수재 아이를 둔재로 만드는 엄마

이스라엘의 취학 전 어린이 영재 교육은 이렇습니다. 이스라엘은 유아들의 예술 영역에서 하는 영재 아카데미가 있습니다. 예루살렘의 루빈 아카데미는 아주 유명합니다. 특별한 예체능의 재능을 가졌

힐렐 초등학교 영재 클래스의 4학년 아이들. 이스라엘 영재는 혼자 잘난 아이가 아니다. 함께 해결하고 풀어가야 한다.

는지 테스트 받은 후 입학할 수 있습니다. 사설 학원에서 취학 전 어린이 영재 교육을 하는 기관들이 있는데 신체 발달과 관련된 예체능 분야에서의 영재 교육을 합니다. 신체 발육이 활발한 어린 시기에 필요한 발레나 스포츠, 악기 다루기, 색채 감각을 다루는 영재 학원들입니다. 이것은 국가 지원 없이 사 교육비로 합니다.

　유아 영재 교육은 이렇게 지식 중심의 교육이 아니라 예체능 계통에서 특출한 아이를 찾아내 잠재 능력을 일찍이 발견해서 개발시키는 영재 교육을 말합니다. 소질이 있는지의 여부를 테스트 한 후 인정받은 아이는 입학할 수 있습니다.

　이스라엘 영재 교육에서 부러운 것은 영재는 특권층이 아니라는 점입니다. 모든 아이에게 기회와 혜택을 주고 영재아로 판명이 나도 본인이 원치 않으면 할 필요가 없습니다.

전문가들은 영재를 발굴하기 위해 전국적으로 찾아 나섭니다. 농촌아이, 소수 민족 출신에 있을 수 있는 영재들을 발굴해내기 위해서지요. 그래서 영재 초등학교에는 전국에서 모여든 아이들이 고르게 섞여 있습니다. 영재는 천재성보다 상호 협력하여 진지하게 탐구하려는 자세를 중요시합니다.

뿐만 아니라 영재아의 정서에 각별히 신경을 써 줍니다. 전인적인 인간을 육성하기 위해서인지 사회, 정서를 종합한 교육에 초점을 둡니다. 특히 사회적 인간 육성을 위해서는 윤리의식, 윤리적 딜레마의 문제 해결을 다룹니다. 무엇보다도 영재 교육을 받는 아동들은 농촌에서 사과 따기, 트랙터로 실어 나르기, 장애아 돌보기 등의 봉사 활동을 해야만 하고 성경을 반드시 읽고 공부해야만 합니다. 성경 연습 문제를 꼭 풀어서 제출해야 하지요.

잘하는 아이는 계속해서 더 잘하도록 밀어주는 사회가 되었으면 합니다. 혼자 잘하기 위해 친구를 밟고 일어서야 한다는 생각보다는 다른 사람과의 사회적 관계, 친밀감과 동정심 그리고 협동심을 키워 주어야 합니다.

스스로를 사랑하고 남들을 사랑하는 아이로 키우십시오.

많은 부모님들은 자녀들이 지적인 면에서 우수하거나 운동을 잘해서 상을 받을 때 최고의 칭찬을 합니다. 감정을 있는 대로 과장해서 아이를 칭찬합니다. "나는 네가 똑똑한 게 너무 자랑스러워." "운동을 잘해서 연봉 몇 억짜리가 될 거야." 다른 사람들에게 자녀를 자랑하면 그들도 역시 이렇게 칭찬합니다. "어머, 댁의 아들 스캇은 너무 똑똑해요. 너무 놀라워."

그러면 지적이지도 못하고 특별한 재능도 없고 운동도 잘하지 못하는 아이는 어떻게 자기 잠재력을 개발시키나요? 이런 자녀를 둔 부모는 아이의 행동에 대해 자랑하며 다닐 수 없을까요? 매우 똑똑하고 운동을 잘하는 아이가 자기 재능과 능력이 그들에게 가장 중요하다고 믿고 자라게 하는 것이 건강할까요?

여기에 간단한 제안을 하겠습니다. 당신의 아이와 세상을 행복하고 기쁘게 만들 수 있는 것이 있습니다. 아이가 착한 일을 할 때 아이에게 최고의 칭찬을 해주세요.

이 방법은 아이들이 좋은 사람이 되는 높은 자아상을 갖게 할 것입니다. 윤리적 행동을 했을 때 칭찬받고 사랑받으면서 자라난 아이들은 그들이 좋은 일을 할 때 그들 스스로를 가장 좋아하게 된답니다. 그들이 선한 행동을 할 때 자신을 가장 좋아하는 세대가 된다면 이 세상이 어떻게 달라질까요! (Day330)

∷5
연상 학습법

사람의 눈에 보이는 것보다 보이지 않는 것이 더 무서운 법이다

• 유대 속담 •

유대 교육법의 핵심을 몇 가지로 정리하자면 다음과 같습니다.

- 노래로 암송해요(신 31:19-21)
- 드라마로 해요(겔 4:1-12, 5:1-4, 렘 13:1-10)
- 심볼, 표징을 집에 두어요(수 4:4-8)
- 안식일, 명절, 유월절 밥상자녀 교육 같은 예전이 있어요(출 12:24-27)
- 듣기도 하고 묻기도 하는 토론을 해요(출 12: 26, 눅2:46)

다른 교육법도 마찬가지입니다만 심벌(symbol) 또는 표징(sign) 교육은 하나님의 명령으로서 유대인들의 독특한 잠재적 커리큘럼이라고 볼 수 있습니다. 피카소 하면 입체파, 인상파 하면 샤갈, 밸런타인데이 하면 초콜릿이 떠오르고 추석하면 송편이 생각납니다.

① 탈릿트 : 기도복.
② 메쥬자 : 현관문에 붙이는 성구함.
③ 깁파 : '하나님 아래 내가 있다' 는 신앙고백.

심벌(symbol)은 즉각적으로 원형과 연결시켜 줍니다. 상징의 중요
성이 바로 이런 것입니다.

전통적으로 유대인들은 가정을 종교적인 분위기로 가득 채웁니
다. 하나님은 자신의 어떠한 형상도 갖지 말라고 하셨으므로 형상
대신에 예배 기구들(성물)에 집착하는 버릇이 있습니다. 가르치지
않아도 잠재적으로 배워들이는 교육 커리큘럼(hidden curriculum)
의 일종인 촛대(메노라), 포도주잔, 이스라엘 국기인 다윗의 별, 십
계명 돌판, 상징적인 그림 등 종교시 사용되던 기물들에 종교성을
부여합니다. 이것은 아이들의 정서에 상당한 영향을 주는 것으로 인
식되고 있습니다.

신앙은 풍부한 상상력을 끌어낼 뿐 아니라 내적인 삶을 충만하게

합니다. 유대인인 피카소나 샤갈은 추상화된 잠재 능력을 예술로 승화시킨 사람들입니다. 유대인들은 성물과 종교 의식에 있는 상징적 이미지를 중요한 교육으로 삼고 있습니다. 예를 들면 머리에 쓰는 접시 모양의 모자 깁파, 기도할 때 손목과 이마에 묶는 트필린, 현관 앞에 붙이는 성구함 메쥬자 등은 잠재적인 교육을 주고 있습니다.

이런 것들은 입으로 가르쳐서 되는 교육이 아닙니다. 언어로 가르침을 전달하는 방법도 있지만 메시지 없이도 보이는 말씀이 있습니다. 간단히 말해서 행동(action)과 기물(element)들입니다. 존 칼빈은 "성물에 말씀을 더하라. 그리하면 그것이 보이는 말씀으로서 성례전이 된다"고 하였습니다. 선포된 가르침과 행동화된 상징(acted sign)은 서로를 보강해 줍니다.

유대인 가정을 방문하면 언제나 아름다운 성화나 한 폭의 풍경화 그림이 걸려 있습니다. 이 그림을 보면 "아, 동쪽이로구나"는 것을 알게 됩니다. 유대인들의 성전을 향한 지극한 애정이 동쪽에 쏠려 있습니다. 동쪽은 예루살렘 성전을 의미하며, 장차 메시야가 성전의 동문으로 강림하실 것을 기다립니다. 동쪽 방향은 성전을 뜻합니다. 자녀들이 성전을 잊지 않게 하려고 동쪽을 향한 벽에는 멋진 그림을 걸어둔답니다. 우리는 매일 드나드는 현관문에 교패를 붙입니다만 하나님의 말씀도 붙여두어서 들어가도 나가도 말씀을 눈으로 보고 믿음이 자라날 수 있도록 해야겠습니다.

아이들의 방에는 무엇이 벽을 장식하고 있는지요. 신앙과 정서에

도움이 되는 아름다운 그림 한 폭이 걸려 있으면 좋겠습니다.

:: 유대인 아버지 텔러스킨이 들려주는 연상학습 ::

유대 아이들이 특별하다고 느끼게 하는 예전이 있어요. 우리 유대인들에게 아마도 제일 잘 알려진 의식은 안식일 예식입니다. 매주 맞이하는 안식일은 두 개의 촛불을 켜는 것으로 시작합니다.

이 관습에 따라 많은 유대인들의 집에서 아이들의 숫자만큼 촛불을 더 켭니다. 예를 들어, 매일 금요일 저녁에 저희 어머니는 두 개의 촛불을 켜고 가족 수만큼 촛불을 더 켰습니다. 두 개는 법으로 정해진 것이고 하나는 누나를 위해 그리고 하나는 저를 위해 켜셨습니다. 아이들의 양초가 아이들에게 주는 메시지는 매우 강합니다.

"내가 있기 때문에 안식일이 시작되는 금요일 밤에 우리 집이 더 밝아진다는 것을 내가 알게 되는 것이 얼마나 좋은 교훈을 남겨주는가요?"

금요일 밤, 안식일 초에 불을 켤 때, 당신의 아이들은 당신 곁에 있어요. 먼저 지난 한 주 동안 아이들이 당신의 삶에 가져다준 빛에 대해 생각하세요. 그러고 나서 당신의 아이들, 배우자와 당신 자신에게 물어보세요.

우리 가족이, 그리고 자신들이 지난 한 주 동안 세상을 비춘 빛이 어떤 것이 있는지 생각해보세요. 샤밧 샬롬!

■ 우리도 주말에 한번 정도 지난 일주일을 돌아보며 각자 자기 양초에 불을 켜 보는 것은 어떨까요? 그리고 우리 자신에게 물어 봅시다. 아이들이 내 삶에 가져다준 희망과 빛에 대해서 지난 한 주간 동안 내 삶은 세상을 비춘 빛이었는지, 그을음이었는지.

::6
통합교육이 개인차를 좁혀 줘요

상대방의 입장이 되어 보지 않고서 함부로 남을 평가하거나 판단
해서는 안 된다
• 탈무드 •

유대인들은 정신적인 질환을 앓고 있는 사람들이 많습니다. 나치
의 박해에서 6백만 명에 이르는 유대인들이 목숨을 잃었고 정신적
인 휴유중은 그 자손들에게까지 영향을 미치고 있습니다. 더욱이 아
직도 전시 상태라서 사회는 불안하고 늘 죽음의 공포에 시달립니다.

가족의 죽음에서 입은 깊은 상처는 안타깝게도 수많은 인생 파탄
자를 만들고 있습니다. 정신적인 불안과 강박관념에 시달리고 있는
많은 유대인들, 이들에 대한 치료와 교육은 이스라엘의 새로운 과제
입니다. 이스라엘은 장애 어린이와 건강한 어린이들을 함께 교육하
여 성공했습니다. 이스라엘이 추구하는 교육의 목적은 모든 어린이
들이 제한 없이 교육을 받을 수 있도록 배려하는 것입니다.

건강한 아이들을 교육하는 간 사비온 유치원은 간 사크나이 유치
원과 함께하는 교육 프로그램을 가지고 같은 건물에서 수업합니다.
간 사크나이에는 8명의 어린이와 네 명의 교사가 있습니다. 기억을

간 사비온과 간 사크나이는 함께 공부하는 시간을 가지고 있으며 지속적으로 시간을 늘리고 있다.

잘 못해 내는 여자 아이 드보라, 회귀한 신경 질환을 앓고 있어서 아주 날카롭고 포악한 야엘, 여섯 살인데도 아주 저능한 에이탄……

뮤지컬을 보러 가는 날, 어린이들이 걸어서 50분 정도를 가야 했습니다. 3월 초순이었지만 말레 아두밈은 저지대라서 찌는 듯이 더웠습니다. 이 더운 한낮에 어린이들을 데리고 길을 떠났습니다.

교실 교육을 하는 슐로미 교사 대신 이 일을 위해서 특별히 인솔 교사가 파송되어 왔습니다. 유치원이지만 세분화, 전문화된 교육을 하고 있습니다. 유대인의 유아 교육에서 산책은 아주 중요한 교과 과정입니다. 제법 많은 거리를 걷습니다. 건강한 아이들은 걷고 사크나이 아이들은 버스를 대절해서 목적지에 도착했습니다. 저는 갈 때는 사비온의 건강한 아이들과 함께 가고 돌아올 때는 사크나이 아이들과 함께 버스로 왔는데 8명밖에 안되는 아이들이 얼마나 말을 안 듣는지 정말 힘들었습니다. 간 사크나이는 일반교육 프로그램에 언어치료, 작업치료, 음악치료 등과 같은 일을 병행하고 있으며 모든 어린이들이 그 혜택을 받습니다. 신체 박약 아동만을 위한 학교에 격리시키고 교육을 한다면 그 아이들의 사회 적응력과 언어 능력은 신체박약 그 상태에 머물고 만다는 것이 그들의 실험에서 얻은 결과입니다.

정신 장애아와 정상 어린이가 같이 수업을 하는 통합교육의 결과 좋은 결실을 가져왔는데 3분도 집중을 못하는 아이들은 교사들의 인내심과 정상아를 보면서 조금씩 지각과 정서가 발달되는데 반면 건강한 아이들은 좀더 폭넓은 인간 이해와 남을 배려하는 습관을 터득한다고 합니다. 이들은 함께 공부하면서 많은 것을 배웁니다.

이스라엘 국회에서 '모든 어린이들이 제한 없이 교육을 받을 수 있다' 는 법이 이미 1988년에 통과되었고 교육부에서 이 법을 실행하는 데 7년의 실험 기간을 거쳤고 재정 부족으로 많은 어려움을 겪고 있으면서도 이를 시행하고 있다고 합니다. 신체 박약 아동들이 건강한 친구들의 행동을 배울 수 있어서 그들이 지닌 잠재력을 극대화시킬 수 있다는 데 희망을 두고 있는 것입니다.

남녀의 평등, 다양한 민족간의 평등, 평등한 기회, 그러면서도 특별한 아이는 차이를 두고 특수 교육을 하는 것이 이스라엘 교육입니다. 학습 장애아를 찾아내어 이들을 나름대로 평가하는 방법을 지금도 개선해 가고 있습니다.

지능이 낮은 사람이나 부족한 아이에게도 배려를 가지고 대해야 합니다. 랍비 슐로모 잘만 아으바흐(Shlomo Zalman Auebach)는 20세기 가장 위대한 랍비 철학자들 중 한 명으로 유대 사회에서 인정하는 사람입니다. 그는 예루살렘에 살면서 고아와 과부들, 사회적으로 경시당하고 무시당하는 사람들을 위해 일생을 보냈는데 그가 보인 사랑과 배려에 대한 유명한 글이 있습니다.

　한번은 지능이 낮은 아이 때문에 근심하는 부모가 아들의 학교 선택 문제로 그에게 상담하러 왔습니다. 그들은 두 개의 대안을 제시했는데 두 가지 내용이 다 좋은 것이었습니다.

　잘만은 그들의 설명을 주의 깊게 듣고 나서 질문했습니다. "아이는 어디 있나요? 이것에 대해 아이는 뭐라고 말하나요?"

　부모는 서로를 쳐다보더니 아들과 이 문제에 대해 토론한 적이 없다고 말했습니다. "사실, 저는 이것이 제 아들과 토론할 만한 점이 아니라고 봐요. 이것은 아이가 선택할 문제가 아니에요"라고 하는 아이 아버지의 말을 듣고 잘만은 매우 화가 났습니다.

　"당신은 그 아이의 영혼에 상처 입히는 큰 죄를 지었다는 것을 인정해야 합니다. 당신은 아이를 집에서 쫓아내서 엄격히 통제된 분위기의 이 낯선 곳에 맡기려 하고 있습니다. 그는 격려받아야 하고 그가 배신당했다고 느끼지 않도록 해야 하는데……."

　부모는 고개를 떨구었습니다. "아이는 어디 있지요? 나는 아이와 그의 문제에 대해 개인적으로 이야기하고 싶어요." 잘만이 요구하자 그 부부는 황급히 아이를 데려왔습니다. "아이야, 네 이름이 뭐니?" 잘만이 물었어요. "아키바(Akiva)." 아이가 대답했어요.

"만나서 반갑다, 아키바. 내 이름은 슐로모 잘만이란다. 나는 대랍비야, 내가 말이지 누군지 아니? 이 세대의 위대한 토라의 권위자란다. 모든 사람이 내 얘기를 들어. 너는 지금 특별한 학교에 입학하려고 해. 나는 너와 함께 네가 들어와 살게 될 새로운 집의 종교적인 모든 문제를 보여주고 싶은데 같이 돌아보지 않겠니?"

소년의 눈이 잘만의 얼굴에 고정되었어요. 잘만은 점잖게 아이의 뺨을 살짝 건드리며 말했습니다. "나는 너에게 너를 랍비로 만들어 줄 선물을 줄 거야. 그리고 나는 네가 랍비가 되려는 명예를 현명하게 잘 사용하기를 바라는데 그럴래?"

잘만은 그 아이가 약속을 실행하려는 열망이 있는 것을 보았습니다. 몇 년이 지났습니다. 이 소년은 자신이 지방의 랍비로서 유대 공동체를 책임져야 한다면서 그 시설을 떠나는 것을 거절했고, 마침내 위대한 랍비가 되었다고 합니다.

지능이 낮은 아이라고 해서 부모가 아이의 의사를 무시하고 아이가 선택할 권리를 빼앗을 때가 많습니다. 자기 아이를 바보로 만들려는 부모가 어디 있겠습니까? 하지만 본의 아니게 그런 부모들이 있습니다.

누구에게나 배울 점이 있습니다. 더불어 사는 사회입니다. 우리나라도 이스라엘처럼 통합교육이 활성화되길 소망해 봅니다.

:: 7
예배는 우뇌를 맑게 해요

명상을 많이 하면 지혜가 많아진다
• 탈무드 •

　우리 두뇌가 기도하는 것을 좋아한다니! 영국 학교에서 명상에 대한 작업을 진행시켜 왔던 지나 레빗(Gina Levete)의 실험은 다음과 같습니다. 그는 교사로 있으면서 7세에서 18세까지의 학생들에게 4주 동안 명상을 시켰습니다. 그랬더니 학생들이 눈에 띄게 조용해지고 집중력이 높아졌습니다.

　또 중동 지역의 한 남학교에서 행해진 연구에서는 일 년 동안 매일 명상을 실시했던 그룹이 명상하지 않은 그룹에 비해 학문적으로 더 나은 수행 능력을 보였습니다. 명상이 스트레스를 격감시키고, 혈압을 낮추는 데 도움이 되는 것으로 나타나고 있습니다.

(*Curriculum for the Inner Life*, by John P. Miller, Education and the Soul: Toward a Spiritual Curriculum (University of York press /2000))

　왜 명상이 좋을까요? 마음을 집중하고 몸을 안정시켜 주기 때문입니다. TV, 비디오, 컴퓨터들은 이미지가 넘쳐나지만 거기에는 내적 이미지를 발달시킬 기회가 거의 없습니다. 현대는 내적 삶이 발달할 수 있는 환경이 결핍되어 있습니다. TV, 비디오, 컴퓨터 게임으로 채워진 문화들은 어린이들의 내적 삶을 고려하지 않습니다.

내적 삶과 행동의 발달을 연관시켰던 제롬 싱글러(Jerome Singer)는 실수, 폭력, 과식, 마약 복용의 원인이 무엇인가를 조사했는데 그의 연구에서는 상상력이 풍부한 어린이들이 그렇지 못한 또래들에 비해 덜 폭력적임을 밝히고 있습니다. 상상력이 빈곤한 어린이들은 '내가 이렇게 행동할 때 다른 사람에게 어떤 피해를 입히게 되는지'를 전혀 생각하지 않고 주관적으로 판단하고 행동한다는 것입니다.

건강한 내적 삶이 발달하도록 뒷받침해 주어야 하는데 현대 교육에서는 종교가 상당히 중요한 자리를 차지하고 있습니다. 예배는 종교 의식이기도 하지만 최근 들어서는 예배가 우뇌 발달에 상당한 영향을 준다는 사실이 밝혀졌습니다. 우뇌는 감성의 뇌라고 합니다. 음악이나 그림, 색채, 공간인식, 창조력을 담당하는 뇌입니다.

유대인들이 자녀들이 어려서부터 기도문을 암송하게 하고 많은 성경을 암송시키는 데는 특별한 이유가 있습니다. 기도가 하나님을 위한 것이 아니라는 이유에서입니다. 기도에 대한 히브리어 의미가 바로 그 단어 자체에서 잘 나타나고 있습니다.

기도를 뜻하는 '트필라'의 재귀 동사인 레히트팔렐(I' hitpallel)은

사비온 유치원 어린이들의 아침예배.
매일 아침 8시 30분에 예배를 드리
고 하루를 시작한다.

힐렐 초등학교 수업시간표. 일주일에
성경수업이 세 시간 들어 있다. 이스
라엘은 성경을 국사로 보기보다는 하
나님으로부터 받은 신성한 계율로 여
긴다.

'자기 자신을 판단하고 살피는 것'을 의미합니다. 기도는 우리에게
도덕적 행위의 표준을 일깨워주어 하나님의 형상에 접근하게 합니
다. 기도가 필요한 분은 하나님이 아니라 우리 자신들이지요. 자기
자신을 살피기 위해서 규칙적으로 시간을 갖는 사람은 필연적으로
기도의 영향을 받아 행동합니다.

유대인들에게 있어서 기도는 제2의 천성이 되는 것입니다. 기도
를 통해서 유대인들은 삶과 인격과 인생관에 영향을 받았고, 유대
아이들은 어려서부터 기도를 통해서 의지를 다지며 진정한 삶의 의

미를 깨닫고 행할 길을 배워 갑니다.

우리 아이들도 조용히 성경을 묵상해보기를 권합니다. 하루를 시작하기 전에 잠자리에서, 학교에 가기 전에, 또는 학교에서 수업하기 전에 성경을 묵상하고 기도하면 하루를 어떻게 살아야 할지 구체적으로 계획이 세워지고, 또 마음이 차분히 가라앉으면서 집중력이 높아지게 됩니다. 그러면 학업에도 더욱 충실하게 임할 수 있습니다.

공부하기 전에 잠시 눈을 감고 성경 말씀을 묵상해 보세요. 그리고 하나님의 도우심을 요청해 보세요.

:: 8
성경 토론수업이 좌뇌를 우수하게 해요

배우려고 하는 사람은 부끄러움을 버려야 한다
• 탈무드 •

　일전에 미국에 거주하는 분을 만났을 때 이런 이야기를 들은 적이 있습니다. 미국 사회에서 법을 잘 지키는 모범 시민이 한국인이고 법을 가장 안 지키고 사는 사람들이 유대인이라고 합니다. 그런데 어쩌다 법망에 걸려서 벌금을 가장 많이 내고 사는 사람이 한국인이고 법을 안 지키면서도 벌금을 가장 안 내고 사는 사람들이 유대인이라고 해서 웃은 적이 있습니다.

　유대인들은 자기들이 살고 있는 사회의 법을 너무나 잘 알고 있어서 세금을 포탈하거나 범법을 해도 교묘히 빠져 나가되 법에 어긋나지 않게 하는 방법을 알고 산다는 얘기입니다.

　미국 대법원의 9명 대법관 중 두 명이 유대인, 미국 각 대학의 로스쿨마다 30%는 유대인, 미국 전체 법대 교수 중 26%가 유대인, 미국 70만 변호사 가운데 25%가 유대인 출신 변호사입니다. 히브리 대학에는 입학이 제일 어려운 학과가 법학과입니다. 공부 잘하는 수재들이 들어가려고 치열한 경쟁을 합니다.

유대인들은 왜 법에 강할까요? 이스라엘 어린이들은 초등학교 2학년부터 모세오경의 법전을 공부합니다. 레위기 법을 아주 재미있게 배우는 것을 보고 '성경이 이 아이들을 참 지혜롭게 하겠구나' 하고 느꼈습니다. 성경은 부모가 자녀에게 가르쳐야 할 교육 지침서이며, 살아가는 데 알아야 할 도덕 규칙이요, 삶을 풍요롭게 하는 지혜의 보화입니다.

유대 교육 학습법에서 가장 독특하고 탁월한 점은 바로 '토론' 입니다. 토론이 강한 이스라엘 교육을 빼놓을 수 없습니다. 초등학교 시절부터 하는 출애굽기, 레위기 등 모세오경의 토론수업은 예리한

마알레 아두밈 간 사비온의 토라토론.

지성과 판단력, 논리적 추리력을 상당히 키워주고 있습니다. 성경 토론은 유대 민족의 지성을 훈련하고 의학, 법학, 정치, 교육, 경제 부문에 진출하는 성공의 길을 닦아주고 있습니다.

성경이 단지 주입식 교과서가 아니라 삶이요, 오늘 나에게 해답을 주는 지혜서임을 알 수 있습니다.

"너희 자녀가 묻거들랑 가르치라." (출 12:26 참조)

유대인들은 이 말씀에서 아이들이 물어 올 수 있도록 질문을 해야 한다고 말합니다.

일주일에 한 번 예루살렘의 한글학교에서 한글을 가르치면서 종 종 아이들로부터 학교 이야기를 들을 수 있었던 것은 제가 이스라엘 교육을 폭넓게 이해하는 데 실제적인 도움이 되었습니다. 그 중에 한 가지를 들려드림으로 토론을 어떻게 이어가는지 소개하려고 합 니다.

교사가 질문을 합니다 "얘들아, 요셉은 왜 보디발의 집 총 관리인 이 되었을 때 아버지를 찾으려고 하지 않았을까? 총리가 되었을 때 도 왜 아버지를 찾으려고 하지 않았을까? 얘들아 너희 생각은 어떤 지 말해봐. 너희들이라면 어떻게 할 것 같니?"

어린이 한 명 한 명에게 똑같이 이 질문을 합니다. 어린이는 자기 가 생각하고 있는 것을 대답해야 합니다. 모든 어린이들은 그의 말을 귀담아 듣습니다. 그런데 부끄러워하는 한국 어린이가 무심하게 "몰라요. 그냥요" 라고 했습니다. 그랬더니 교사는 아이를 나오라고 하더니 "얘, 너는 생각이 없니? 생각이? 네 생각을 말해봐라" 하면서 알밤을 먹입니다.

20×57은 얼마인가 하는 문제를 풀기 위해서는 공식을 알아야 하고 정답을 맞춰야 합니다. 하지만 교사는 "내가 너에게 정답을 물은 것이 아니다"라는 것입니다. 생각이 없는 사람이 되어서는 안 된다고 가르칩니다.

토론은 다른 사람들의 여러 의견을 들음으로써 사고의 폭을 넓혀줍니다. 아이디어와 유머가 쏟아지는 시간입니다.

유대인 아이들에게 제가 물었습니다. "얘들아, 학교에서 제일 하기 싫은 과목이 뭐니?" 말이 끝나기 무섭게 모든 아이들이 목청을 높여 대뜸 하는 말이 "수학과 성경이요!" 라고 합니다. 너무 생각을 많이 하게 해서 머리가 아플 정도라면서 지긋지긋한 시간이라고 합니다. 그런데 이 성경공부 시간이 일주일에 5시간, 고학년으로 올라가면 3시간씩 해야 하니 아이들이 머리가 어지럽다고 할 만합니다.

이것은 유대 종교를 중심에 놓지 않는 공립 초등학교의 이야기입니다. 그러니 종교학교는 말할 나위도 없겠지요. 이런 토론수업을 통해서 아이들의 사고 체계가 정돈되어 논리적이 됩니다. 자기 생각은 하나인데 학급 모든 아이들의 생각을 듣다 보면 아이디어가 풍부해지는 것 같습니다. 같은 사물, 같은 문제를 놓고 어떻게 다르게 생각하는지를 들어볼 필요가 있습니다. 이것이 살아있는 공부입니다. 토론이야말로 무한한 상상력의 세계로 들어가는 여행입니다.

탈무드에 "자기가 만나는 사람 모두에게서 무엇인가를 배울 수 있는 사람은 세상에서 가장 현명한 사람이다"라는 말이 있습니다. 토론 공부란 서로 배우는 것입니다.

토론할 때의 주의사항은 이렇습니다.

1. 자기보다 현명한 사람의 말을 먼저 들을 것
2. 남이 말할 때 중간에 가로채거나 중단시키지 말 것
3. 대답할 때는 서두르지 말 것
4. 언제나 핵심을 조리 있게 말할 것
5. 자신이 모를 때는 그것을 솔직히 인정할 것
6. 말할 때는 침이 튀지 않도록 조심할 것
7. 중요한 것은 항상 메모를 해둘 것
8. 다른 사람의 의견을 '틀렸다'고 단정짓지 말 것
9. 치열한 논쟁으로 감정이 격한 상태로 마쳤을 경우 그냥 빠져 나가지 말고 반드시 손을 잡고 화해할 것
10. 남의 말을 귀담아 들을 것

유대인들은 어려서부터 모세오경에 나오는 법을 토론합니다. 이 법은 세상을 살아가는 지혜와 사랑, 정의를 가르쳐 줍니다. 단지 암

송하고 외우는 것으로 그치지 않습니다. 논리와 사고력을 키워주는 수업이 토론입니다.

"어떻게 이 불완전하고 모순투성이의 세상이 완전해질 수 있을까요?"

랍비 아키바는 이렇게 질문하는 사람에게 벼 이삭을 보여주며 물었습니다. "이 벼는 누가 만들었습니까?" 그 사람은 "하나님의 창조물이지요" 라고 대답했습니다. 아키바는 다른 손에 쥔 빵을 보여주며 또 묻습니다. "이 빵은요?" 그 남자가 대답합니다. "빵은 사람이 만들었지요." 아키바는 말했습니다. "하나님이 주신 재료를 가지고 인간이 먹을 수 있는 음식을 만들 때에야 완전한 음식이 되는 것처럼 하나님이 주신 법을 인간이 수행할 때 완전해지는 것이랍니다."

하나님은 우리에게 인간의 도리와 행할 말씀을 주셨습니다. 이 법을 사람이 지킬 때만이 완전해지는 것입니다. 토론 방식의 성경 수업은 세상에서 일어나는 문제들을 개선하고 좀더 좋은 세상을 만들어 가기 위해 여러 사람의 필요한 지혜를 모으고 실천할 수 있는 확신을 심어줍니다. 어린시절에.

에필로그

흰눈 덮인 헐몬 산을 마주 바라보며 아침을 시작하던 말키아, 사계절의 뜨거운 태양을 빨아들이면서도 하얗게 분칠한 채 한결같은 모습의 그 의연함. 그곳에서 97년 12월, 강의실에 들어온 다프나로부터 고국의 IMF 소식을 처음 들었던 기억이 지금은 내게 먼 추억이 되어 있습니다.

결국 이듬해 98년 2월 18일, 서울과 텔아비브의 직항이 단절되고 이스라엘 정부로부터 "너희 나라 은행에는 달러가 한 푼도 없다"는 통보와 함께 한국 학생이 모두 돌아가야 할 이유가 되었던 그 시절, 우리가 부담스러운 존재였던 그 깊은 상처는 비단 이스라엘뿐 아니라 디아스포라 코리언의 힘든 고통의 시간이기도 했을 것입니다.

이스라엘의 도덕적 타락을 안타까워하며 "우리 이스라엘에서 배울 것이 무엇이 있느냐?"며 한탄하면서도 "그래도 돌아가지 말라"고 츠팟의 비자국을 상대로 최선을 다해 주었던 울판의 매니저 타미(Tami)를 비롯하여 야엘(Yael), 알리자(Aliza), 그리고 나의 지도 선생 다프나!

왼쪽부터 교장 선생 타미 미쯔이,
필자, 다프나, 알리자.

　그녀는 강의에 들어올 적마다 유대인 학생들에게 "한국은 희망이 있
는 나라" 라고 추켜세워 주곤 했습니다. 히브리 언어와 유다이즘 선생
인 다프나는 "너희 나라의 교육이 부럽다"는 말을 종종 하곤 했었지요.

　수업이 없는 안식일이면 그 먼 티베리아에 나가서 '모짜에이 사밧(안
식일을 마치는)' 의 뿔 나팔이 울리는 석양이 되어야 운행하는 느린 버
스를 타고 돌아오던 그때, 고국에 돌아가면 내가 무엇을 해야 할지 생
각하는 시간들이었습니다.

　유일한 동양인이자 이방인이었던 나에게 관심을 가지고 한국의 교육
에 관해서 질문을 하며 유대 교육과 무엇이 다른지를 늘 토론에 붙이던
다프나, 그래서 용기를 얻은 나는 학생들 앞에서 이렇게 자랑 할 수 있
었습니다.

　"우리나라 학생들은 지각하지 않으려고 학교 갈 때는 뛰어서 가고,
흉기를 소지하는 일 때문에 교문 앞에서의 가방 조사, 몸수색할 필요
없고, 규율을 어기는 학생은 부모는 물론 교사가 체벌할 수 있다"고 말

입니다.

그때마다 "너희 나라의 교육이 부럽다"고 말해 약소국의 고달픈 학생을 배려해 주는 다프나는 나에게 얼마나 큰 격려가 되었던지.

그의 학생으로 공부하던 97년에만 해도 우리나라는 분명히 그러했었습니다. 그런데 내가 2000년 한국에 돌아오니 그 짧은 기간에 엄청난 교육 혁명이 일어나서 많은 것이 달라져 있었습니다. IMF를 극복하고 경제적으로 회복되었지만, 교사들이 학생을 포기한 한국의 장래를 놓고 많이들 염려하게 된 것입니다.

다프나가 만약 한국을 방문하면 내가 말해왔던 사실과 많이 다르다는 현실 앞에서 몹시 떨리는 마음입니다. 하지만, 나의 조국은 인적, 영적 자원의 나라이기에 희망을 가져봅니다.

다프나는 나에게 왜 한국인들은 예수를 좋아하느냐고 물어 왔었습니다. 요즈음 낡아진 건물의 보수공사(Remodeling)가 한창인 한국 교회의 아름답게 변화되는 모습을 바라보면서 나는 이런 생각을 가져봅니다.

"우리의 다음 세대에 예수의 신앙이 있을까?" 이러한 종교적 고뇌를 가장 먼저 체험한 이들이 유대인들이었듯이.

'바알과 아세라는 그렇게 좋은가? 얼마나 좋은 것이기에 이스라엘 백성들이 미혹되었을까? 토라는 왜 우리를 지켜주지 못했는가?'

유대인들은 광야생활에서, 가나안 생활에서, 사사시대에도 끊임없이 그 질문을 반복하며 여러 세기를 보내다가 이러한 결론을 내렸다고 합니다.

 "이스라엘이 범죄하자 하나님은 모압에게 힘을 주셨다. 우리가 범죄하면 세상이 강해진다"고(사사기 3:12 참고).

 기독교인이 범죄함으로 인해 세상이 강해지지 않도록 기독교 신앙 인격의 'Remodeling'을 생각해 봅니다. 예수 안에서 하나님을 향한 경건, 이 운동이 우리나라를 새롭게 할 뿐더러 세계가 부러워 찾아오는 깨끗한 한국, 교육 강국이 되었으면 합니다.

 다프나에게 그때야말로 나는 "너희 나라의 교육이 부럽다"는 말을 진정으로 다시 듣고 싶습니다. '예수를 좋아하는 한국'의 아름다운 모습에서 "우리도 예수를 좋아해야겠다"는 말도 듣고 싶습니다.

 어떠한 어려움 속에서도 학생의 입장에 서서 최선을 다해 도와주는 교사로서의 다프나, 그녀는 나에게 지식을 가르치는 일로 교사의 역할을 다했다고 볼 수 없음을 일깨워 주었습니다. 이제는 유대 선생들의 교육 방법 중 좋은 점이 자꾸 생각납니다. 학생을 돌보며 사랑하되 끝까지 포기하지 않는 교사로서의 인내심, 성경의 가르침의 방법을 배운 것에 대해 늘 고맙게 생각합니다. 유대 민족이 이미 겪었다면 우리는 이제 시작인 것 같습니다. Holy Start Korea!